苏州博物馆藏
虎丘云岩寺塔、瑞光寺塔文物

苏州博物馆　编著

文物出版社

2006.10

封面设计：程星涛
装帧设计：张有文
责任印制：梁秋卉
责任编辑：张小舟

图书在版编目(CIP)数据

苏州博物馆藏虎丘云岩寺塔、瑞光寺塔文物／苏州博物馆
编著．－北京：文物出版社，2006.10
ISBN 7-5010-1983-5

Ⅰ.苏…　Ⅱ.苏…　Ⅲ.①博物馆－收藏－佛教－历史文物－
苏州市－五代十国时期②博物馆－收藏－佛教－历史文物－
苏州市－宋代　Ⅳ.K872.533

中国版本图书馆CIP数据核字（2006）第097741号

苏州博物馆藏

虎丘云岩寺塔、瑞光寺塔文物

苏州博物馆 编著

文物出版社出版发行
北京东直门内北小街2号楼
http://www.wenwu.com
E-mail: web@wenwu.com
北京圣彩虹制版印刷技术有限公司制版印刷
2006年10月第一版　2006年10月第一次印刷
889 × 1194　1/16　印张：12.5
ISBN 7-5010-1983-5/K · 1053
定价：220元

The Cultural Relics of the Pagoda of Yunyan Temple and the Pagoda of Ruiguang Temple (Tiger Hill, Suzhou), Collected by Suzhou Museum

Suzhou Museum   Redact

Cultural Relics Pubishing House

Beijing 2006

目 录

Catalogue

The Cultural Relics of the Pagoda of Yunyan Temple in Tiger Hill, Suzhou

The Cultural Relics of the Pagoda of Ruiguang Temple in Suzhou

苏州博物馆系列丛书总序

　　一位学者说：苏州，是一座用文化打造起来的城市，唯有用文化才能使她挺直腰杆。一位官员说：文化，是苏州最大的魅力；文化，是苏州最强的竞争力。

　　江南水乡、人间天堂的苏州，地处长江三角洲的核心地带，扼守太湖水网和京杭大运河的要津，风物清嘉，人文荟萃，是中华文明的重要发祥地之一。

　　悠久的历史文化积淀和传承，赋予了古城苏州独特的整体文化景观。刻于公元1229年的宋《平江图》碑，是当今世界所能看到最早的城市平面图。古城苏州"水陆并行双棋盘格局"至今仍然存在，以小桥流水、粉墙黛瓦为特征的古城风貌，使人在这古今和谐的东方水城空间环境中，处处感受到一种纤巧秀美的柔性文化魅力，感受到一种宁静婉约的优雅文化氛围。

　　丰厚的吴地文化遗产精华，秀外慧中，包容了千年古城、水乡古镇、园林胜迹、街坊民居等丰富多彩的物化形态，也体现在昆曲、苏剧、评弹、桃花坞木刻、吴门书画、丝绸、刺绣、工艺珍品等门类齐全的艺术形态，更表现于苏州人才辈出，群星灿烂的文脉传承。人文资源的博大、文化底蕴的深厚、文化心理的成熟和文化氛围的浓重，使苏州成为活着的文化遗产，也使苏州成为享誉中国乃至世界的魅力城市。

　　博物馆是展示城市魅力和竞争力的重要舞台。苏州博物馆是苏州地方历史文化的综合性博物馆，作为一座地域性政府主导体制下的公益性的重要文化场所，它依托全国重点文物保护单位——太平天国忠王府作为博物馆文化遗产保护和发展的基础，在苏州地区各类博物馆中，建馆最早、综合实力最强，具有举足轻重的地位。

苏州博物馆藏各类文物约30000余件，以出土文物、明清书画和古代工艺品见长，不少器物从质地到器形，既有本地特色，又有与周边文化交流的痕迹。

作为收藏、保护、研究、展示人类文化遗产的公共文化设施，博物馆体现的是一个城市和地区的文明风貌和个性，是对文明记忆的一种汇聚、凝练与传承，反映一个城市的品味、内在风格和历史文脉。当今，博物馆已经成为各国、各地区一种普遍性的文化表达方式，为社会和社会发展服务是其宗旨。在现代化和全球化背景下，博物馆和文化遗产的重要性日益凸显，它不仅担负着文化传承、文化认同的重任，是现代人高素质的精神和美感生活不可或缺的组成部分，同时也日益成为国家和地区的文化、经济与社会发展的重要支撑点。

在苏州建城2520年之际，由著名建筑大师贝聿铭担纲设计的苏州博物馆新馆，已经露出了崭新的雄姿。新馆以其大胆和意味深长的精准选址、体现继承和创新的"中而新，苏而新"的设计理念、追求和谐适度的"不高不大不突出"的设计原则、精益求精的高标准建设，成为一座既有苏州传统园林建筑特色，又有现代建筑艺术利落的几何造型、精巧的布局结构，以及完善的设施功能，并且在各个细节上都体现出丰富人文内涵的现代化综合性博物馆。新馆建筑充分利用空间资源来倡导文化，充满着古今文化传承、艺术表现以及科技进步的和谐美感和传神意韵，具有不朽和传世的经典意义，她和毗邻的拙政园、忠王府、狮子林等传统园林建筑珠联璧合，交相辉映，形成了一条丰富多彩的历史文化长廊。苏州博物馆新馆是贝聿铭先生建筑生涯中的封刀之作，

它不仅是当今苏州的一个标志性公共建筑，更是中国建筑文化从传统通向未来的一座桥梁，成为中国建筑发展创新的一个标记。同时，它把古城苏州的文化遗产保护事业推上了一个新的平台，也为苏州博物馆翻开了全新的一页。

做好新馆硬件和软件建设两方面的工作，打造苏州博物馆精品品牌，是发展文化生产力，满足人民群众日益增长的文化需求的客观需要；是建设文明苏州，实现苏州经济社会文化和谐发展的具体实践；是时代赋予我们的历史责任。为了让更多的人了解苏州博物馆的历史与文化的发展，认识苏州博物馆的藏品和展览，提升博物馆的学术水准、社会声望和荣誉地位，充分彰显博物馆的社会价值和社会文化功能，我们将陆续出版一批有关苏州博物馆藏品以及与之相关的保护和研究方面的系列丛书，以满足广大人民群众的需求。

烟雨江南，如诗如画。面对着现代化建设的高歌猛进，古城中那随处可见的古色古香，那丝丝缕缕古意的静谧，清冷而美丽着。坚守文化的精神家园，保护、传承和光大这份弥足珍贵的文化遗产，不仅是博物馆人的工作和义务，更是生活在这片土地上人们的崇高责任。

高福民
2006年10月

Preface

A scholar said that the city of Suzhou is built by the culture and only the culture can straighten her back; an official said the culture of Suzhou is the most charming and competitive.

Suzhou, called the waterside city and the paradise on earth, is located in the core area of the Yangtze River Delta. It holds the network of Taihu Lake and the key post of Grand Canal. The richer land fosters more talents. It is one of the birthplaces of Chinese civilization.

The cultural accumulation and inheritance in a long history endows a unique and integrated cultural landscape to Suzhou. The Stele "*Map of Pingjiang*" of Song Dynasty, engraved in 1229, now is the earliest city ichnography in the world. The layout of Suzhou "the lands and rivers lying like the double chessboards" does not change greatly up to now. The scene of "the whitewashed wall with dark gray tiles" and "the water flowing under the small bridges" let the people everywhere feel a kind of gentle cultural charm and elegant cultural atmosphere in the space of an oriental waterside city. It is peaceful and harmonious.

The rich heritage of Wu culture, beauty with connotation, not only contains the substantial forms such as the 2,500-year-old waterside city, the classical gardens, the old streets and houses, but also the art forms such as Pingtan Opera, Kun Opera, Su Opera, Taohuawu Woodcut, Calligraphy and Painting of Wumen School, Silk, Embroidery and Craftwork etc. Suzhou is full of talents from ancient to today. The rich human resource, the profound cultural foundation, the mature cultural mentality and the strong cultural atmosphere let Suzhou become the living cultural heritage and the charming city in China, even in the world.

The museum is an important stage to show the charm and competition capacity of the city. Suzhou Museum, led by the government, is a comprehensive museum concerning the local culture and history. It is the earliest museum and has the strongest comprehensive strength in Suzhou. On the basis of the protection and development of the Residence of Prince Zhong of Taiping Heavenly Kingdom (National Priority Preservative Unit of the Cultural Relics), the status of Suzhou Museum is pivotal as a significant public cultural place. Suzhou Museum collects over 30,000 cultural relics and is expert in the unearthed relics, ancient craftwork, calligraphy and painting of Ming and Qing Dynasty. Some cultural relics, from her texture to shape, not only have the local characteristic, but also have the evidence of the cultural exchange with the surroundings.

As the public cultural establishment for the collection, protection, research and exhibition of the human cultural heritage, the museum reflects the civilization and character of a city, reflects the taste, connotation and history of a city. It is the concentration and inheritance of the civilization memory. Today, the museum already becomes a kind of cultural expression universally in the nations and regions. Its purpose is to serve the society and the social development. With the background of modernization and globalization, the significance of the museum and cultural heritage is highlighted increasingly. It shoulders the important task of the culture Identity and inheriting. And it is indispensable to the modern people for pursuing their high-quality spiritual life. The museum, simultaneously, increasingly becomes the important support to the cultural, economic and social development of the nations and regions.

In the 2520th anniversary of the establishment of Suzhou city, the New Suzhou Museum, designed by Mr. I.M.Pei who is a famous architect, begins to show her new appearance. The innovative design concept is "Chinese style with innovation, Suzhou style with creativity" and the harmonious design principle is "not high, not large and not projecting". Through the bold and meaningful site choice and the high-quality construction, the new museum becomes a modern comprehensive museum with the humanism connotation. It not only has the character of Suzhou classical garden, but also the simple geometric form of modern art, the exquisite structural layout and the complete function. The construction of the new museum makes full use of the space resource to advocate the culture, harmonious with the heritage, art expression and technological development. The new museum is adjacent to the classical gardens such as the Humble Administrator Garden, the Residence of Prince Zhong and The Lion Forest Garden. They enhance each other's beauty and become a varied historical and cultural gallery. The New Suzhou Museum is the last work of Mr. I. M. Pei in his career and will be an immortal and classical construction in the world. The new museum is not only a symbolic public construction in Suzhou, but also becomes an innovative mark, which bridges the Chinese architectural culture from the tradition to the future. The new museum, simultaneously, pushes the career of the cultural heritage of Suzhou to a new stage and turns a new page of Suzhou Museum.

Improving the hardware and software, and creating the cultural brand of Suzhou Museum is the need of developing the cultural productivity and satisfying the increasing cultural requirement of the people; it is the concrete practice of the civilization construction and the realization of the harmonious development of the economy and culture in Suzhou; It is also the historical duty endowed by time. We will successively publish a series of books about the collections of Suzhou Museum, their protection and research. Let more people know the collections, exhibitions, and historical and cultural development of Suzhou Museum. It also can promote the academic research, exalt the social reputation and status, and fully embody the social value and cultural function of Suzhou Museum.

Suzhou in misty rain likes a painting or a poem. Under the background of the modernization, the antiquity still can be seen everywhere in the ancient city. It is quiet, clear and beautiful. Not only the people of the museum, but also the people living in the land have the duty to hold the spiritual homeland of the culture and have the responsibility to protect, inherit and spread the valuable cultural heritage.

Gao Fumin
2006.10

前　言

在苏州现存古塔中，虎丘塔和瑞光塔因分别在塔中发现一批佛教文物而更加声名显赫。

虎丘塔坐落于虎丘山顶，全称虎丘云岩寺塔，始建于五代周显德六年（959年），竣工于宋建隆二年（961年），是苏州现存最早的古塔。其建筑风格与杭州西湖雷峰塔为同一类型。历史上，虎丘塔曾七次被焚，木构塔檐尽毁，但砖砌塔身却昂然挺立。至迟从明末开始，塔身渐渐向西北倾斜。1956年起着手虎丘塔的维修工作。根据修旧如旧的方针，采取了加箍喷浆的方法整修，使虎丘塔至今巍然矗立，古朴苍凉。

虎丘塔中的佛教文物便是在这次维修中发现的。1957年3月30日，维修工人在第二层塔正西门口向砖隙中浇浆。因屡灌而不满，于是揭开部分砖块，发现有一孔道，钻得进去，在第二层塔心有一个砖砌的十字交叉处是一暗穴（天宫），其中有经箱等文物。后来在第三、第四层塔心窖穴（天宫）中又发现了一批珍贵文物。至于塔底，在挖到2.25米深处仍未发现有地宫。

虎丘塔天宫发现的这批文物有经箱和经箱外石函、经卷、刺绣经帙、开元通宝和乾元重宝等钱币、铁铸金涂舍利塔和石函、绢绣袱、秘色瓷莲花碗、铜佛像、檀木雕三连佛龛等，现藏苏州博物馆，其中原置于铁铸金涂塔内的舍利金瓶在发现当年即被重新安置供奉于塔内。

瑞光塔屹立在苏州城西南隅，重建于北宋景德元年（1004年），为一座七级八面砖木结构的楼阁式宝塔，也是苏州现存的几座宋塔之一。它原本是江南名刹瑞光禅寺的一个组成部分。千余年间，寺塔被战火焚烧过11

次，历经毁修。清咸丰十年（1860年）至同治二年（1863年），太平天国战火起，寺院被毁殆尽，仅一塔孑然独立。在长期的风雨飘零中，它的木制腰檐、平座全部脱落，而且裂隙纵横，野草丛生，鸟雀筑巢其中。

1978年4月12日，三个孩童登上垂危的古塔掏鸟蛋，无意中在第三层塔心一堆干草中发现两尊泥质彩色观音像，如唐代仕女般丰满端庄，色彩依然鲜艳。在塔心扒净干草后，眼前竟出现一块活动的石板，一个很深的窖穴暴露于眼前，穴内还藏有宝物。三孩童将精美的宝物胡乱装入麻袋，欲带往家中，被发现后，遂将文物交到苏州博物馆。苏州博物馆当即派考古部的工作人员到现场再次搜寻，并测量、绘图、研究、修复。在宗教界、工艺界人士的帮助下，才基本恢复了它们的本来面目。这些文物主要有楠木黑漆嵌螺钿经箱、碧纸金书《妙法莲华经》、刻本《妙法莲华经》、雕版经咒、墨书经卷、铜佛像、铜质金涂塔、彩绘泥质观音像、龟纽琥珀"与贞私印"、真珠舍利宝幢和它的内外木函，质地之贵重、制作之精湛，实为前所未见，令人感慨万千。这批弥足珍贵的文物现藏苏州博物馆。

根据宝幢下面一块垫板上的题记和刻本《妙法莲华经》卷一引首的两则题记，可以断定，这批文物入瑞光寺塔第三层天宫之时间当在北宋天禧元年（1017年）九月十五日。垫板题记云："寓迹僧子端，幸值诸上善人建第三层浮图，安置诸佛圣贤遗身舍利宝幢，藏盒之次，特舍此木于底，少贵载荷，永假缘结。"经首题记云："天禧元年九月十五日，雍熙寺僧永宗转妙法莲华经一部七卷，入瑞光院新建多宝佛塔相轮珠内……"可以想象，

公元11世纪第17个年头的这一天，瑞光禅寺的僧众和信徒很可能举行了一个隆重的佛教仪式，以庆祝瑞光寺塔第三层竣工。

两塔文物的次第发现，为研究当时苏州地区的生产力发展程度、造纸、印刷、漆器、金银花丝以及丝织、刺绣等手工业生产技术，提供了实物资料，为今天继承民族文化传统、研究和发展当今的工艺品提供了借鉴。同时，这两批文物大部分与佛教的密宗（即真言宗）有关，对研究佛教及密宗、特别是"东密"在五代南方的传播，以及对北宋初期的影响等，颇具重要参考价值。

苏州博物馆学术委员会
2006年10月

Foreword

Among the existing ancient pagodas in Suzhou, the Ruiguang Pagoda and the Huqiu (Tiger Hill) Pagoda have the higher reputation for their Buddhist relics.

The Huqiu Pagoda, fully called the Pagoda of Yunyan Temple (Tiger Hill, Suzhou), is located on the peak of Huqiu mountain. It began to build in the sixth year of the Xiande reign of Later Zhou of Five Dynasties (959) and finished in the 2nd year of the Jianglong reign of Song Dynasty (961). It is the earliest ancient pagoda in Suzhou now, and its architectural style is the same as the Leifeng Pagoda located by the Xihu Lake in Hangzhou city. In long history, the Huqiu Pagoda was burned up seven times. The wooden eaves were all destroyed, but the brick body still erected upright. From the late Ming Dynasty, the body of the pagoda began inclining to the west-north. From 1956, the Huqiu Pagoda started to be maintained. In accordance with the principal of "Repair the old to be old" in relic protection, the way of hooping and filling with mortar was used. Now the Huqiu Pagoda, with its own primitive simplicity, still stands loftily and firmly.

The Buddhist relics in the Huqiu Pagoda were found this time. On March 30th, 1957, the workers filled the mortar into the interstices in the west door of the second floor. For be unfillable, they uncovered some bricks and found a narrow pass. Through it, they found a brick hidden cave (Palace of Devas) in the center of the second floor and there were some Buddhist relics such as Sutra Case etc. Then other precious relics were found in the center (Palace of Devas) of the third and fourth floor. But nothing was found in the 2.25 meters under the bottom of pagoda.

The cultural relics found in the Palace of Devas such as Sutra, Sutra Case, Stone Case, Embroidered Sutra-wrapper, Iron Gilded *Dagoba*, Ancient coins, Stone Case, Silk Sutra-wrapper, Olive Green Lotus-flower-shaped Bowl, Bronz now are collected by Suzhou Museum. A Golden *Sarira* Bottle in the Iron Gilded *Dagoba* was placed back to the pagoda in that year.

The Ruiguang Pagoda, located in the west-south of Suzhou, was rebuilt in the 1st year of the Jingde reign of North Song Dynasty

(1004). It was a pavilion-style masonry-timber pagoda with seven floors and eight sides. The Ruiguang Pagoda originally was a part of Ruiguang Temple. The history records that the pagoda was destroyed eleven times in war. From the tenth year of the Xianfeng reign (1860) to the second year of the Tongzhi reign (1863) in Qing Dynasty, the Ruiguang Temple was completely destroyed in the war of the Taiping Heavenly Kingdom, but the pagoda was still standing there. The Ruiguang Pagoda was buffeted by wind and rain through years of neglect. The wooden waist-eaves completely fell off and the crannies crisscrossed. The weeds were overgrown and the birds built the nests in the pagoda.

On April 12th, 1978, three children climbed the pagoda to take the nests and found two colored clay-mold statues of *Avalokitesvara* in a stack of hay in the center of the third floor. The color was still bright and the shape was, like the lady of Tang Dynasty, plump and dignity. Cleaning the hay, they found some treasures in a deep cave under a movable slate. Then the Children put the treasures in the bag. Before going home, they were found and the cultural relics were sent to Suzhou Museum. The archeologists in Suzhou Museum went to the locale at once and searched again. After being measured, charted, researched and repaired and with the help the religion and craft fields, the cultural relics were renewed on the whole. These treasures were Mother-of-pearl Inlaid Sutra Case, "*Saddharma-pundarika-sutra*" (Lotus Sutra) written with Golden Dust on *Ciqing* Paper, Engraved Printing "*Saddharma-pundarika-sutra*", Engraved Printing "Mantras of the *Dharani* Sutra", Ink Sutra, Bronze Statues of Buddha, Bronze Gilded Pagoda, Colored Clay-mold Statues of *Avalokitesvara*, Amber Seal with Tortoise-shaped Knob, Pearl Pillar of the Buddhist Shrine and its (outside and inside) wooden cases. The rare materials and the exquisite craftsmanship were unprecedented and admired. Now they are collected by Suzhou Museum.

According to the inscriptions on the board under the Shrine and the frontispiece of Lotus Sutra, the time that the Buddhist relics were placed in the third floor of the Ruiguang Pagoda was on September 15th, 1017 (the first year of the Tianxi reign of North Song Dynasty). The monks and followers of Ruiguang Pagoda, imaginably, maybe held a grand Buddhist ceremony to celebrate the finish of the third floor in this day.

The discovery of the cultural relics of two pagodas provides the substantial material and the reference for researching, inheriting and improving the production skills of handcrafts such as paper making, printing, lacquer, filigree, silk and embroidery etc. Most of these relics are also relating to the *Tantrism* (Esoteric Sect), which provides the valuable reference for researching the Buddhism and *Tantrism*, especially the spread of "Eastern Tantrism" in Five Dynasties and its influence to the south of China in North Song Dynasty.

The Academic Committee of Suzhou Museum
2006.10

苏州虎丘云岩寺塔文物

The Cultural Relics of the Pagoda of Yunyan Temple
in Tiger Hill, Suzhou

虎丘云岩寺塔

The Pagoda of Yunyan Temple in Tiger Hill

The Pagoda of Yunyan Temple, located in Tiger Hill, was classified as the National Priority Preservative Unit of the Culture Relics in 1961.

云岩寺塔位于苏州阊门外山塘街虎丘，1956年被列为江苏省文物保护单位，1961年被列为全国重点文物保护单位。塔现由苏州市文物保护管理所保护管理，塔院一隅建有云岩寺塔陈列室，二山门由虎丘山风景区管理处保护管理。

云岩寺古名虎丘山寺。东晋时司徒王珣与弟司空王珉在此建别墅，咸和二年（327年）各捐为寺，东西并立。据《吴郡图经续记》载，虎丘山寺旧在山下，唐会昌五年（845年）毁，后人重建于山上，合二寺为一。唐人避讳，曾改名武丘报恩寺。宋至道间又毁，大中祥符中重建，改云岩禅寺。元、明几经重修。清康熙赐"虎阜禅寺"额。乾隆时又修。咸丰十年（1860年）毁。同治十年（1871年）至民国初略加重建，未复旧观。

云岩寺塔习称虎丘塔。据文献记载，南朝陈代已有塔，隋仁寿元年（601年）又曾在山上建塔。1956年修塔时发现的楠木经箱、铜镜、塔砖等有纪年的文物证明，今塔建于五代后周显德六年即吴越钱弘俶十三年（959年）至北宋建隆二年（961年）。元至正和明永乐、正统、崇祯年间几经修葺。现第七层即为崇祯十一年（1638年）前后改建。

云岩寺塔为七级八面以砖结构为主的仿木结构楼阁式佛塔，现无刹，通高约48米，底层对边南北13.81米，东西13.64米。塔身自下而上逐层收敛，外轮廓呈微鼓曲线。各层外壁转角处都作圆倚柱，每面以槏柱划为三间，当心间辟壶门，左右次间隐出直棂窗。柱头起阑额，上置斗栱承托腰檐，再上以斗栱挑出平座，但木构檐椽和勾栏已毁。塔身平面由外壁、回廊、内壁、塔心室组成，通体以黏性黄泥砌筑。各层回廊顶均以叠涩砖构楼面将内外壁联结成整体，形成套筒式结构。登塔木梯置于回廊内。内壁平面亦呈八角形。各层回廊、塔心室转角处隐起圆柱，上出斗栱梁枋。壶门过道、塔心室叠砌藻井。第三层于眺尖上置连珠斗，尚属少见。又以沥粉法堆塑各种图案，涂以红、黑、白、黄、绿诸色，明快瑰丽，古趣盎然。阑额饰以"七朱八白"，壶门藻井饰以卷草、金钱、如意等。壁面则以各式折枝牡丹为主，雍容华贵，丰姿绰约。第五层的湖石勾栏壁塑尤为罕见。

云岩寺塔是八角形楼阁式塔中现存年代最早、规模宏大而结构精巧的实例，保存了唐代以前空筒式结构塔的一些特点，许多局部手法表现出唐宋之间的过渡风格，其斗栱、塔檐的作法与北宋《营造法式》所规定的制度相符。

云岩寺塔自南宋建炎四年（1130年）到清咸丰十年（1860年），曾七次遭受兵火等破坏。1949年新中国建立时，塔已失修近九十载，顶刹、腰檐、平座、副阶废毁，塔内回廊地面裂缝，外壁与塔心分离，塔身向东北倾斜，各层外壁壶门裂缝，有的自上而下贯通，最宽处达18厘米，全塔已岌岌可危，势将倾圮。人民政府遂于1956年拨款抢修。由苏州市文物管理委员会主持，1957年1月正式动工，逐层加箍，铺设楼面，补砖喷浆，全面加固，当年9月竣工，使开裂的塔身复为整体，并在塔内发现一批珍贵文物。1965年，塔体又出现裂缝。1977年组成修塔机构，着手抢修。1978年发现塔体东北部内外墩碎裂，塔的倾斜加快，经测量塔顶已向北偏东位移2.34米，倾角2°48′，重心偏离基础轴心0.97米，南北高差底层为0.45米，第二层达0.7米，险情日趋严重。当年6月起，在国家文物局指导下，经三年半勘测和专家多次论证，判明倾斜、碎裂的主要原因是塔筑于岩坡土层上，引起不均匀沉降所致，确定采取"加固地基，补作基础，修缮塔体，恢复台基"的修整方案。1981年12月正式开工，经过修塔人员精心设计和谨慎施工，历时四年九个月，耗资80余万元，至1986年9月竣工。是年11月，国家文物局、江苏省文化厅组织专家鉴定验收，认为工程设计科学，施工稳妥，质量优良，效果显著。多年来的监测表明，塔体已基本稳定，千年古塔转危为安。

[宋] 浮雕佛像石函

Song Dynasty　Stone Case with the Relief Statues of Buddha

It was found in the second floor of the Pagoda of Yunyan Temple in 1956.

长 46 厘米　宽 26.5 厘米　高 25 厘米

　　1956 年在苏州虎丘云岩寺塔第二层发现。系由六块裁好的砚石板榫合而成，平面长方形，盝顶，函身每面浮雕佛像五尊（一佛二弟子二菩萨），底部四周刻如意云纹花边，函盖内面涂成漆地，用银珠写"□信心造□□盛众□金字法华经"等字。字有剥落，不易辨明。石函内原置鎏金镂花包边楠木经箱。

苏州博物馆藏虎丘云岩寺塔、瑞光寺塔文物
The Cultural Relics of the Pagoda of Yunyan Temple and the Pagoda of Ruiguang Temple (Tiger Hill, Suzhou), Collected by Suzhou Museum

28

［宋］鎏金镂花包边楠木经箱

Song Dynasty　Gold-plating Sutra Case Carved Design in Openwork

It, which was made of Nanmu wood, was found in the second floor of the Pagoda of Yunyan Temple in 1956.

长 37.8 厘米　宽 19.2 厘米　高 21 厘米

　　1956 年在苏州虎丘云岩寺塔第二层发现。楠木制作。箱底垫有丝织物，外涂漆，各部边缘和接缝处都镶包银质鎏金花边，或作莲花，或作凤尾，极为工细。边上并列凸形圆钉。箱口搭链上扣有鎏金镂花俗称爆仗锁一把，长 10.6 厘米；钥匙扣在锁上，长 6.3 厘米。箱盖中间分钉鎏金角形莲花四朵（一朵已脱落），中心有交飞凤凰一对，已佚失，只存痕迹。底座四周木边雕有镂空如意头，附近镶边上横凿小字一行："建隆二年男弟子孙仁郎镂，愿生安乐国为僧。"箱底外部，有墨书文字："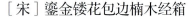言☐☐舍净财造此函盛金字　法华经。孙仁遇舍金银并手工装。☐☐孙仁郎舍手工镂花。辛酉岁建隆二年十二月十七日丙午　☐☐☐"。箱后铰链作茧形，上面有双钩凿"孙仁☐"三字。这只经箱大体完整，镂金工艺精妙，箱上记镂艺人姓名，更属可贵。箱内原藏经书已朽毁。

苏州博物馆藏虎丘云岩寺塔、瑞光寺塔文物

The Cultural Relics of the Pagoda of Yunyan Temple and the Pagoda of Ruiguang Temple (Tiger Hill, Suzhou), Collected by Suzhou Museum

苏州博物馆藏虎丘云岩寺塔、瑞光寺塔文物

The Cultural Relics of the Pagoda of Yunyan Temple and the Pagoda of Ruiguang Temple (Tiger Hill, Suzhou), Collected by Suzhou Museum

32

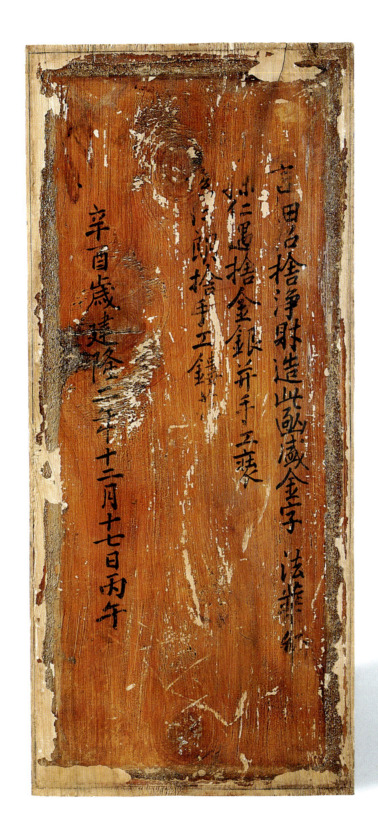

苏州博物馆藏虎丘云岩寺塔、瑞光寺塔文物

The Cultural Relics of the Pagoda of Yunyan Temple and the Pagoda of Ruiguang Temple (Tiger Hill, Suzhou), Collected by Suzhou Museum

［宋］五节石函

Song Dynasty　Stone Case

It was found in the third floor of the Pagoda of Yunyan Temple in 1956.

顶部边长 22.5 厘米　底部边长 27 厘米　通高 44.1 厘米

　　1956年在苏州虎丘云岩寺塔第三层发现。石函平面方形，下广上狭，分五节叠落而成，无雕刻，内原置铁函。

［宋］铁函

Song Dynasty　Iron Case

It was found in the third floor of the Pagoda of Yunyan Temple in 1956.

底板边长 20.1 厘米　下函口边长 19.1 厘米　盝顶边长 10 厘米
通高 34.2 厘米

　　1956 年在苏州虎丘云岩寺塔第三层发现。平面方形，由底板、梯形函罩组成，下广上狭，盝顶。函罩和底板相连处，每面用两根铜丝拴住。罩上放有绢袱一块，已残破，并泛作铁锈色。函间有一块外方内圆的构件，是另外嵌进去的。铁函原置于五节石函内。

［宋］铁铸金涂舍利塔

Song Dynasty Iron Gilded *Dagoba*

It was found in the third floor of the Pagoda of Yunyan Temple in 1956.

塔座边长 11 厘米 通高 11.8 厘米

　　1956 年在苏州虎丘云岩寺塔第三层发现。分塔刹相轮、塔身、塔座三部分，其中顶部相轮已朽。塔身翘角多毁坏。塔身中空，内置高 2.9 厘米、腹径 7 厘米的金铸小瓶，瓶口有盖，口中塞着纸圈，瓶中盛细砂粒大小的舍利子。该金瓶现藏虎丘塔中。

苏州博物馆藏虎丘云岩寺塔、瑞光寺塔文物
The Cultural Relics of the Pagoda of Yunyan Temple and the Pagoda of Ruiguang Temple (Tiger Hill, Suzhou), Collected by Suzhou Museum

40

[宋] 小木塔

Song Dynasty　Small Wooden *Pagoda*

It was found in the third floor of the Pagoda of Yunyan Temple
in 1956.

底径4厘米　高10厘米

　　1956年在苏州虎丘云岩寺塔第三层发现。原置于铁铸金
涂舍利塔盝顶残绢袱之上。状如喇嘛塔，外涂黑漆，以红漆
勾画出塔座、壶门、相轮等边廓。

［宋］小玉幢

Song Dynasty　Small Jade *Dhvaja*

It was found in the third floor of the Pagoda of Yunyan Temple in 1956.

底径1.4厘米　高2.8厘米

　　1956年在苏州虎丘云岩寺塔第三层发现。玉质不甚佳，微泛黄，推测原置于小木塔壶门之内。

［五代］秘色瓷莲花碗

Five Dynasties　Olive Green Lotus–flower–shaped Bowl

It was found in the third floor of the Pagoda of Yunyan Temple in 1956. This Olive Green Lotus–flower–shaped Bowl was acknowledged as the Standard of Olive Green porcelain in Five Dynasties and North Song Dynasty. It is the National Treasure.

碗高8.9厘米　口径13.9厘米　盏托高6.6厘米　口径14.9厘米 底径9.3厘米　通高13.5厘米

　　1956年在苏州虎丘云岩寺塔第三层发现。这件越窑秘色 青瓷莲花碗由碗和盏托两部分组成。碗为直口深腹圈足，盏托 形状如豆，盘口外翻，束腰，圈足外撇。碗身外壁、盏托盘面 和圈足均饰重瓣莲花，如浅浮雕状凸起，构思巧妙，恰如一朵 盛开的莲花。从露胎处可见瓷胎呈灰白色，细腻致密，颗粒均 匀纯净。特别是它的釉色滋润内敛，掭翠融青，呈现出玉一般 的温润感，被认为是五代、北宋年间秘色瓷标准器。

苏州博物馆藏虎丘云岩寺塔、瑞光寺塔文物

The Cultural Relics of the Pagoda of Yunyan Temple and the Pagoda of Ruiguang Temple (Tiger Hill, Suzhou), Collected by Suzhou Museum

苏州博物馆藏虎丘云岩寺塔、瑞光寺塔文物

The Cultural Relics of the Pagoda of Yunyan Temple and the Pagoda of Ruiguang Temple (Tiger Hill, Suzhou), Collected by Suzhou Museum

46

［宋］铜十一面观音立像（2尊）

Song Dynasty　Two Bronze Eleven-faced Standing Statues of *Avalokiteshvara*

It was found in the third floor of the Pagoda of Yunyan Temple in 1956.

高 23.5 厘米

　　1956 年在苏州虎丘云岩寺塔第三层发现。两尊十一面观音像大体相同。观音像立于束腰莲花台上，一脚向侧前略伸，身穿天衣，一条飘带轻轻搭在右手上，左手持一宝瓶。全身佩有璎珞、耳珰、颈饰、胸饰、臂钏、腕钏等装饰，一条珠链从项颈处垂至足背。身式略呈"S"形，姿态优美。身后有插背光的小孔，但在出土时已不见其背光。

［宋］铜佛坐像

Song Dynasty　Bronze Seated Statue of Buddha

It was found in the third floor of the Pagoda of Yunyan Temple in 1956.

高 19.2 厘米

　　1956 年在苏州虎丘云岩寺塔第三层发现。螺髻，双耳垂肩，身着袒右袈裟，结跏趺坐于圆形蒲团座上，背面出一环纽，未见背光。

[宋] 铜一佛二菩萨像

Song Dynasty　Bronze Statues of One Buddha and
Two Bodhisattvas

It was found in the third floor of the Pagoda of Yunyan Temple
in 1956.

宽 13.3 厘米　高 19.2 厘米

　　1956年在苏州虎丘云岩寺塔第三层发现。底座呈覆盅状，
上接三个枝形藕生仰莲座，佛结跏趺坐于中间莲座上，两侧莲
座上为立相菩萨。造型轻巧优美、疏朗明快。

苏州博物馆藏虎丘云岩寺塔、瑞光寺塔文物

The Cultural Relics of the Pagoda of Yunyan Temple and the Pagoda of Ruiguang Temple (Tiger Hill, Suzhou), Collected by Suzhou Museum

［宋］铁莲瓣形佛龛

Song Dynasty   Iron Lotus–petal–shape Shrine

It was found in the third floor of the Pagoda of Yunyan Temple
in 1956.

宽 11.5 厘米   高 17 厘米

　　1956 年在苏州虎丘云岩寺塔第三层发现。铁质，模铸而
成，龛呈内凹莲瓣形，顶部及底座铸须弥宝山纹样，龛内铸佛
像一铺，姿态优美，人物众多。但因锈蚀，图案、形象均比较
模糊。

［晚唐～五代］檀香木雕三连式佛龛（檀龛宝相）

Late Tang Dynasty – Five Dynasties　Sandalwood-carving Triplet Shrine

It was found in the third floor of the Pagoda of Yunyan Temple in 1956.

宽 6.3 厘米　通高 19.3 厘米

　　1956年在苏州虎丘云岩寺塔第三层发现。檀香木质，枯朽较甚，原涂色彩已褪，残留描金痕迹。下为束腰须弥式莲座，上承三连式佛龛，分为主龛和扉龛，半圆形的主龛与莲座通体相连，三角形的扉龛与主龛的边缘，上下各钻有小孔，穿绳系结，玲珑剔透，可启可合。

　　佛龛幅面不大，均作深镂圆雕，主龛"本尊"是立相观音，神态端庄，足踏藕生莲花，藕之左右为荷叶、莲蓬，蓬上蹲善财童子，双手合十膜拜。两侧扉龛，各雕"胁侍"、"飞天"。所雕人物表情各异，姿态面容无一类同，栩然生趣。

　　唐代佛教兴盛，檀龛宝相玲珑纤巧，便于佛徒携带宣教，便于信士案头供奉，风靡一时。云岩寺塔发现的这尊檀龛宝相，既无纪年又无作者题名，按其建塔是五代后周显德六年至北宋建隆二年（959～961年）。而从这尊檀龛宝相雕作的宝冠造型和风格等方面揣测其年代应不晚于五代，上溯可至唐代。檀龛宝相的发现，在国内尚属首次。

［宋］残石造像（3件）

Song Dynasty　Stone Statue (Incomplete)

It was found in the fifth floor of the Pagoda of Yunyan Temple
in 1956.

通高 31.5 厘米

　　1956年在苏州虎丘云岩寺塔第五层发现。佛弟子或供养
人造像。两件造型相同，发现时即无头，颈部有断茬。着交领
广袖长袍，拱握双手，以两臂捧经卷于胸前，恭立于方形台座
之上。一件双手合于胸前，持如意。

［宋］石造像龛

Song Dynasty　Stone Statue Shrine

It was found in the fourth floor of the Pagoda of Yunyan Temple in 1956.

高 24 厘米

1956年在苏州虎丘云岩寺塔第四层发现。石龛右侧残损，龛内浮雕佛像一尊，结跏趺坐于仰莲座上。龛左侧边框上阴刻有"李太缘为自身造佛一躯"的题记。

[宋] 铜镜（3件）

Song Dynasty　Bronze Mirrors

They were found in the third floor of the Pagoda of Yunyan
Temple in 1956.

直径33.6厘米　23.7厘米　16.2厘米

　　1956年在苏州虎丘云岩寺塔第三层发现。其中一件镜背光素，有墨书"女弟子陆七娘敬舍大镜一面入武丘山塔上……隆建二年三月□日题"等49字。另一件直径23.7厘米，镜背有四神、八卦、十二生肖等图案、符号和镜铭。还有一件无背纹小镜，直径16.2厘米，镜面錾刻有一组佛像，若隐若现。

［宋］残锦包竹帘经帙

Song Dynasty　Brocade with Bamboo Strips inside
for Sutra wrapping (Remnant)

It was found in the third floor of the Pagoda of Yunyan Temple
in 1956.

长47厘米　宽2.3厘米

　　1956年在苏州虎丘云岩寺塔第三层发现。枯朽较甚，长方形，以细竹为纬、绢丝为经编织而成帙的内里，外表套包锦绣，帙的右端有带，以便捆扎。经帙是用来包裹和保护卷轴经卷的，可以将数卷分别用经帙包裹好的经卷集中包裹存放或携带。这是目前国内仅见的经帙。

苏州博物馆藏虎丘云岩寺塔、瑞光寺塔文物

The Cultural Relics of the Pagoda of Yunyan Temple and the Pagoda of Ruiguang Temple (Tiger Hill, Suzhou), Collected by Suzhou Museum

［宋］残裹经绢绣袱

Song Dynasty　Embroidered Sutra-wrapper (Remnant)

It was found in the second floor of the Pagoda of Yunyan Temple
in 1956.

残长 34 厘米　宽 14 厘米

　　1956 年在苏州虎丘云岩寺塔第二层发现。包裹经书的经
袱残块，紫绛绢地绣宝相莲花。

［宋］残裹经印花绢袱（数件）

Song Dynasty　　Silk Sutra−wrapper with Stamped Decoration (Remnant)

It was found in the second floor of the Pagoda of Yunyan Temple in 1956.

边长约 46 厘米

　　1956 年在苏州虎丘云岩寺塔第二层发现。包裹经书的绢质经袱残块，上有墨书的供养人名姓等。

苏州博物馆藏虎丘云岩寺塔、瑞光寺塔文物
The Cultural Relics of the Pagoda of Yunyan Temple and the Pagoda of Ruiguang Temple (Tiger Hill, Suzhou), Collected by Suzhou Museum

66

苏州博物馆藏虎丘云岩寺塔、瑞光寺塔文物

The Cultural Relics of the Pagoda of Yunyan Temple and the Pagoda of Ruiguang Temple (Tiger Hill, Suzhou), Collected by Suzhou Museum

［宋］陶碗形香炉

Song Dynasty   Pottery Bowl–shaped Incense Censer

It was found in the third floor of the Pagoda of Yunyan Temple in
1956. A piece of sandalwood stood in it. The length is 29.7cm and
its diameter is 1.1cm.

口径 14.5 厘米　底径 8.2 厘米　高 11.7 厘米

　　1956 年在苏州虎丘云岩寺塔第三层发现。炉中竖立檀香
木 1 根，长 29.7 厘米，直径 1.1 厘米。

［宋］砖铭

Song Dynasty   The Inscriptions on Bricks

They were found in the Pagoda of Yunyan Temple when the pagoda was reinforced in 1956.

左：长 32.9 厘米　宽 15.5 厘米
右：长 33.5 厘米　宽 16.5 厘米

　　1956 年在苏州虎丘云岩寺塔整修中发现。砖上有"弥陀塔"、"天王"等字样。

苏州瑞光寺塔文物

The Cultural Relics of the Pagoda of Ruiguang Temple
in Suzhou

瑞光寺塔

The Pagoda of Ruiguang Temple

The Pagoda of Ruiguang Temple, also called Ruiguang Pagoda, located in the Gate Pan at the southwest of Suzhou city. It was classified as the National Priority Preservative Unit of the Culture Relics in 1961.

瑞光寺塔习称瑞光塔，位于苏州城西南盘门内，1956年被列为江苏省文物保护单位，1961年被列为全国重点文物保护单位，现由苏州市文物保护管理所保护管理。

瑞光寺初名普济禅院，据史料记载三国吴赤乌四年（241年）孙权为迎接西域康居国僧人性康而建。十年，孙权为报母恩又建十三层舍利塔于寺中。而根据先后在塔内发现的宝幢木函、佛经、石础、塔砖等文物上的纪年文字，与塔的平面、结构、外观综合考证，今塔系北宋景德元年（1004年）至天圣八年（1030年）所建，当时佛寺名为瑞光禅院。寺院历经毁修，塔曾于南宋淳熙，明洪武、永乐、天顺、嘉靖、崇祯，以及清康熙、乾隆、道光年间修葺。清咸丰十年（1860年）又遭兵燹，寺毁塔存，同治十一年（1872年）曾加以维修。

瑞光寺塔为七级八面砖木结构楼阁式，砖砌塔身由外壁、回廊和塔心三部分构成，外壁以砖木斗栱挑出木构腰檐和平座。每面以槏柱划分为三间，当心间辟壶门或隐出直棂窗。底层四面辟门，第二、三层八面辟门，第四至七层则上下交错四面置门。内外转角处砌出圆形带卷刹的倚柱，柱头承阑额，上施斗栱。外壁转角铺作出华栱，补间铺作三层以下每面两朵，四层以上减为一朵。全塔腰檐、平座、副阶、内壁面、塔心柱以及藻井、门道、佛龛诸处，共有各种木、砖斗栱380余朵。修复后通高约53.6米，底层外壁对边11.2米。层高逐层递减，面积也相应收敛，外轮廓微呈曲线，显得清秀柔和。入塔门，经过道即回廊，回廊两壁施木梁连接，铺设楼面，第二、四层转角铺作上有月梁联系内外倚柱，廊内置登塔木梯。一至五层回廊当中砌八角形塔心砖柱，底层作须弥座式，第六、七两层改用立柱、额枋和卧地对角梁组成的群柱框架木结构，对角梁中心于人栿上立刹杆木支承塔顶屋架和刹体。塔身底层周匝

副阶，立廊柱二十四根，下承八角形基台，周边为青石须弥座，对边23米，镌有狮兽、人物、如意、流云，简练流畅，生动自然，堪称宋代石雕佳作。基台东边有横长方形月台伸出，正面砌踏道。

此塔砖砌塔身基本上是宋代原构，第六、七层及塔顶木构架虽为后代重修，但其群柱框架结构在现存古塔中并不多见。第三层为全塔的核心部位，砌有梁枋式塔心基座，抹角及瓜棱形倚柱、额枋、壁龛、壶门等处还有"七朱八白"、"折枝花"等红白两色宋代粉彩壁塑残迹。1978年发现秘藏珍贵文物的暗窟——"天宫"也在该层塔心内。底层塔心的"永定柱"作法，在现存古建筑中尚属罕见，从而为研究宋"营造法式"提供了实物依据。瑞光寺塔建造精巧，造型优美，用材讲究，宝藏丰富，是宋代南方砖木混合结构楼阁式木塔比较成熟的代表作，是研究此类古塔演变发展及建筑技术的重要实例。

自清同治十一年后，一百多年间瑞光寺塔因失修残损日甚。为防倾圮，1954年对底层壶门、佛龛砌砖加固，长期封闭。1963年对全塔作调查测绘，在塔内发现佛像和铭文砖。1978年4月，在第三层塔心内发现真珠舍利宝幢等一批晚唐、五代和北宋时期的佛教文物。当时，塔壁裂缝纵横，砖体坍落，塔顶洞穿，木构檐椽、平座、斗栱脱落残朽甚多，各层楼面、梯级严重毁坏，塔刹、副阶荡然无存，基台为浮土所掩。遂于1979年先行修补塔顶和破壁，排除险情，并砌筑院墙保护，同时进行详细测绘，延请专家研究，反复论证，确定重修设计方案。1987年动工全面整修加固，包括大修塔顶和重安塔刹，修复各层外壁、塔心、壶门、佛龛、腰檐、平座、楼面、扶梯和塔内外木构件，加固塔基，修复基台须弥座、月台，重建副阶等。工程历时三年余，于1990年完成，宋塔风貌得以重现。

［宋］真珠舍利宝幢

Song Dynasty　Pearl Pillar of the Buddhist Shrine

It was found in the third floor of Ruiguang Pagoda in 1978. Its main body is made of Nanmu wood.

高 122.6 厘米

　　1978年在苏州瑞光寺塔第三层天宫中发现，存放在两重木函之中。黑色外木函正面有两行白漆楷书"瑞兴院第三层塔内真珠舍利宝幢"。内函四壁彩绘"四大天王"，内壁墨书"都勾当方允升妻孙氏十娘"等题铭和"大中祥符六年四月十八日记"等题记，证之为北宋遗物。

　　宝幢主体用楠木构成，分为须弥座、幢殿、刹三部分。

须弥座

　　包括牙脚八棱台座、宝山与大海等主要部分。台座呈八棱形，每一棱角底部下起高3厘米的燕尾形牙脚，牙脚正面贴有形态各异的堆漆（堆漆是一种古老的漆艺装饰技法，用漆或油调稠灰或香灰堆出线条隆起的花纹）狻猊。八棱台座之上出双层平行方涩，中间束腰，高2.5厘米，束腰部位每面设壶门三个，一周二十四个壶门孔上装饰有金银丝如意花饰；涩面缀以海棠形宝饰，涩角以堆漆条花图案包角；涩上置八只小银狮，姿态有腾跃、后顾、搔耳等，造型生动；银狮内侧又起一层方涩，涩上收分渐敛呈八棱斜弧面，其上折收为平阶。八棱斜弧面一周贴饰有堆漆装金制成的两人一组共十六个供养人形象。其上的平阶八角处各置立体雕刻的小木狮，木狮表面施石青，局部略敷朱彩；平阶内侧收腰处，镂如意壶门，上承八角带环绕勾栏的平阶。勾栏的八根栏柱顶端缀银丝串珠莲花，莲花上各置一颗水晶球。勾栏平阶之内，一周立面及圆形平面上雕出浪涛滚滚的大海，直径24厘米，整体描金；海浪周边雕出向上升腾而起的八朵描金祥云，高10～12厘米，云顶端立有高7.5～8.3厘米的八位天神；大海中央如蘑菇云般突起透雕的山柱，高14厘米，柱上盘绕一条鎏金银丝串珠编织而成的九头蟠龙，龙脊和龙皮大框用鎏金粗丝构成，龙齿、发、耳、角及龙的鳞、爪由极细的三股合一的辫丝制成，龙爪甲则以银子凿出；圆柱上端托起由十六座叠嶂山峦组成的须弥宝山，高9.7厘米。该宝幢的须弥座造型极为精美繁复，通体描绘宝相、缠枝、几何图案，细如纤毫。

幢殿

　　系真珠舍利宝幢的中间部分，居须弥宝山之上。幢殿由殿基、殿柱、殿外护法八天、八棱经幢、幢顶鎏金银龛、殿顶、漆木龛、华盖等部分组成。一周八根殿柱，高23.6厘米，均由木制八曲如意柱外镶包累丝工艺编结的鎏金银丝制成，殿柱下置覆莲状水晶柱础，柱础之下为刻有云雾缭绕的描金八棱形殿基，高9厘米；殿柱外侧一周，有神情各异、高约9厘米的护法八天木雕。殿内中部覆莲座上立有宝蓝色八棱柱状经幢，高19.4

厘米，经幢八面依次以真（楷书）、草、隶、篆书阴刻填金七佛之名，及梵语"南无摩诃般若波罗蜜"（意为"大智慧可达彼岸乐土"）；幢体中空，内置一乳青色葫芦形小瓷瓶，瓶内藏舍利子九粒及折叠的雕版印刷梵文和汉文《大隋求陀罗尼》经咒各1张。幢顶置有挑花工艺制成的缠枝纹鎏金银皮小龛，一尊高约6厘米、通体描金、双手作禅定印、头裹风兜的木雕高僧大德祖师像趺坐其间。殿柱及幢顶鎏金银龛之上为圆形八出殿顶，其椽梁骨架和内芯为整块木料削制而成，椽条用一〇八根空心细银条制成，骨架和内芯之外再罩上银丝编成的梅花形丝网；横梁、斗栱、瓦片、滴水等皆用粗银丝为骨，细银丝网结，串以珍珠；梁角处还有八只护梁神形象；所有斗栱梁枋、飞椽出戗，均缀串密集的小珍珠；八出戗角端部悬垂有宝花璎珞幡铎（银丝编织朵花或伞形幡盖，穿以珍珠，缀挂银丝编织的空心花球及流苏，间缀珊瑚、水晶、玛瑙等）。殿顶之上又置有堆漆描金宝相花纹木龛，堆漆花纹中点缀有少许小珍珠；龛内盛放金雕细颈宝瓶，宝瓶的金纯度为98.5%，表面浮雕图案以观音和嬉戏童子为主题，图分四面，云纹为底纹，间以飞天、凤凰，一派仙灵意境。龛上复置八角形金银丝串珠华盖，华盖硬枢以鎏金粗银丝制成，盖面花纹按八个等分面布局，每个面由上下两片辫丝盘成的纹样构成，华盖周边缀有红、蓝、白等各色宝珠，盖面上约略缀有蜿蜒排列的珍珠串饰花纹；华盖上还饰有八条串珠天龙，呈放射状沿华盖顶间向下昂首俯冲，使华盖和其下的殿顶如同八脊重檐翘角般富丽堂皇。

刹

系真珠舍利宝幢上层部分，立于华盖之上，高24.6厘米。主体呈柱状，由银棒和包金箔木柱相接而成，刹轮以白玉、水晶、五色珠料等制成，间以金银绞花、叶片及银丝串珠装饰；刹轮上部的银丝串珠小幡盖，系由极细的鎏金银丝制成三股合一的辫丝盘曲的各种朵花构成，小幡盖一周垂八条流苏银链，下接华盖八角；刹顶部为水晶摩尼宝珠，直径3.4厘米，宝珠两侧以银丝挽出火焰光造型，以示"瑞光普照"。

真珠舍利宝幢造型之优美、选材之名贵、工艺之精巧都是举世罕见的。制作者根据佛教中所说的世间"七宝"，选取名贵的水晶、玛瑙、琥珀、珍珠、檀香木、金、银等材料，运用了玉石雕刻、金银丝编制、金银皮雕刻、檀香木雕、水晶雕、堆漆、描金、贴金箔、穿珠、古彩绘等十多种特种工艺技法精心制作，可谓巧夺天工，精美绝世。如宝幢上装饰的珍珠就达近四万颗；十七尊木雕的神像更见功力，每尊佛像仅高约10厘米，雕刻难度极大；然而，天王的威严神态，天女的婀娜多姿，护法八天的嗔怒神情，祖师大德的静穆庄严，均雕得出神入化。宝幢安置于内外两重木函之中，内木函外壁所绘四大天王像，各具风采，形象逼真。

真珠舍利宝幢体现了北宋时期苏州工艺美术的繁荣和精美，同时也可见五代、北宋时期吴人高度的审美水准和丰富的文化内涵。

须弥座

The Buddhist Mount *Sumeru*

真珠舍利宝幢部件之一。须弥座，系佛教艺术品
常用的一种底座样式（须弥为古印度神话中的高山名，
梵语为Sumeru）。台座呈八棱形，下起牙脚；八棱台座
之上出双层平行方涩，中间束腰，高2.5厘米，束腰部
位每面设壶门三个，一周二十四个壶门孔上装饰有金
银丝如意花饰；涩面缀以海棠形宝饰，涩角以堆漆条花
图案包角；涩上又起一层方涩，向上收分渐敛呈八棱斜
弧面，其上折收为平阶。平阶内侧收腰处，镂如意壶门，
上承八角带环绕勾栏的平阶。勾栏的八根栏柱顶端缀
银丝串珠莲花，莲花上各置一颗水晶球。

牙脚

Tooth-like Feet

　　真珠舍利宝幢台座部件之一，是为八棱形须弥台座的底
部造型。八棱台座每一棱角底部下起高3厘米的燕尾形牙脚，
牙脚正面贴有形态各异的堆漆狻猊。

小银狮

Small Silver Lions

长 3.5~4 厘米　高 3.4~3.5 厘米

　　真珠舍利宝幢装饰性部件之一，为八棱台座双层平行方
涩之上放置的装饰性小雕塑。涩上一周置八只小银狮,姿态有
腾跃、后顾、搔耳等,造型生动。

苏州博物馆藏虎丘云岩寺塔、瑞光寺塔文物

The Cultural Relics of the Pagoda of Yunyan Temple and the Pagoda of Ruiguang Temple (Tiger Hill, Suzhou), Collected by Suzhou Museum

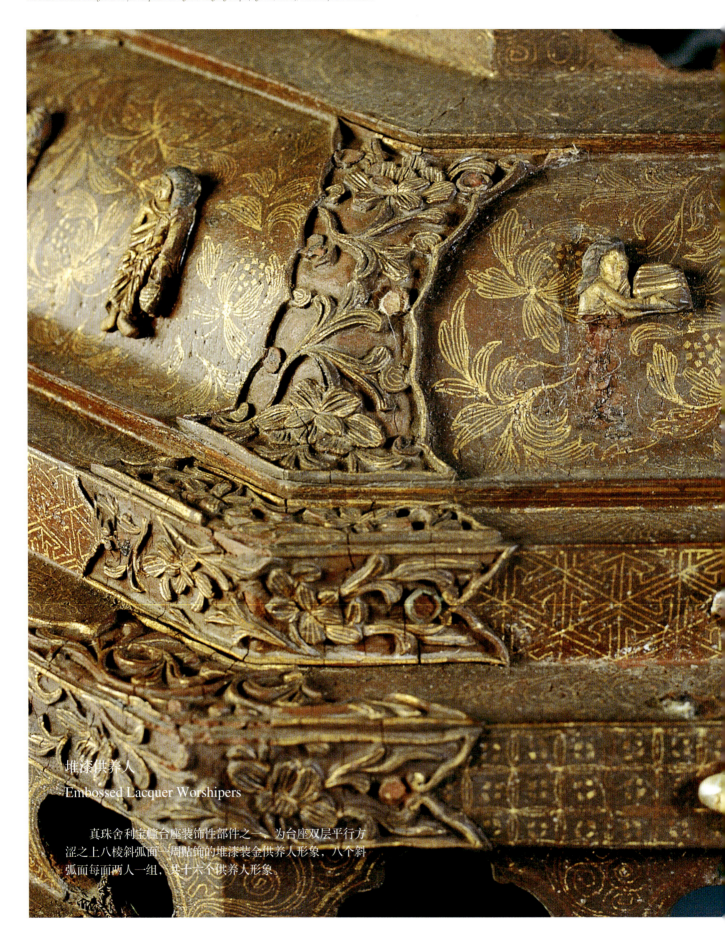

堆漆供养人

Embossed Lacquer Worshipers

真珠舍利宝幢台座装饰性部件之一，为台座双层平行方涩之上八棱斜弧面一周贴饰的堆漆装金供养人形象，八个斜弧面每面两人一组，共十六个供养人形象。

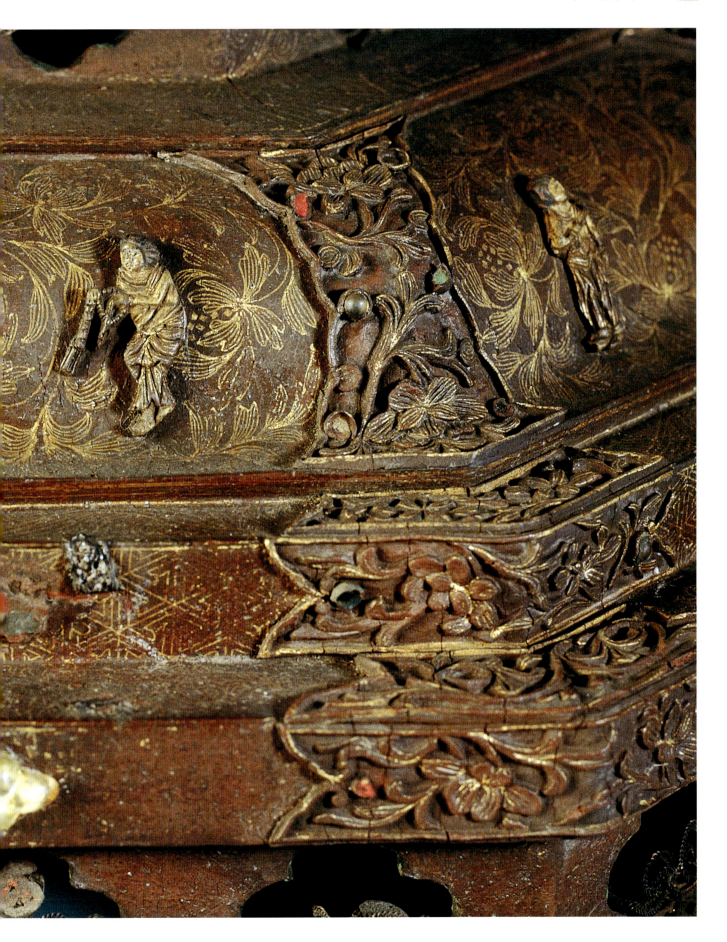

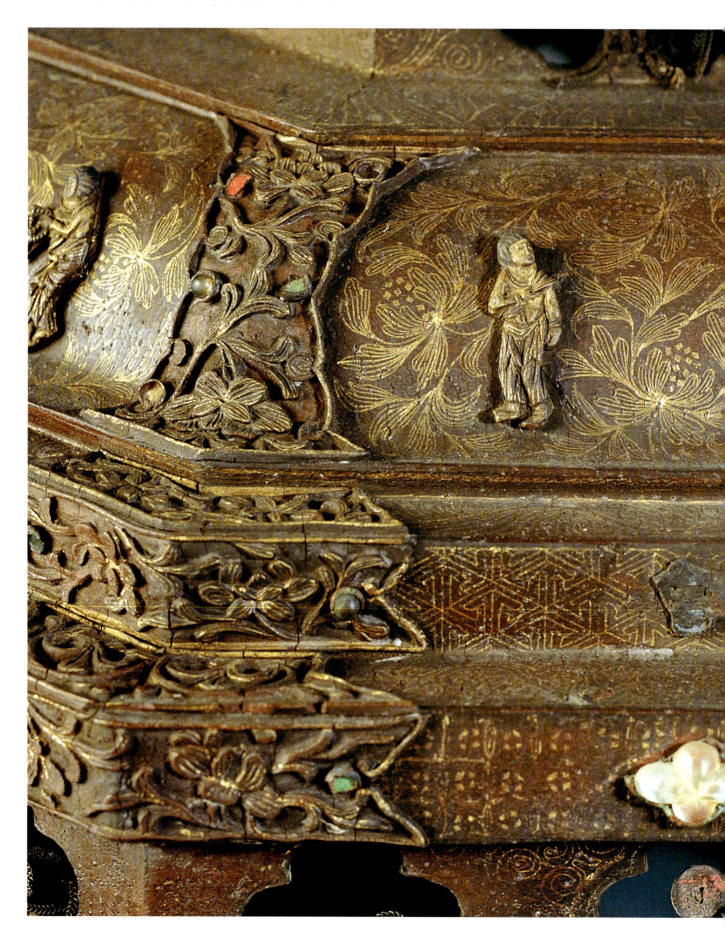

苏州博物馆藏虎丘云岩寺塔、瑞光寺塔文物

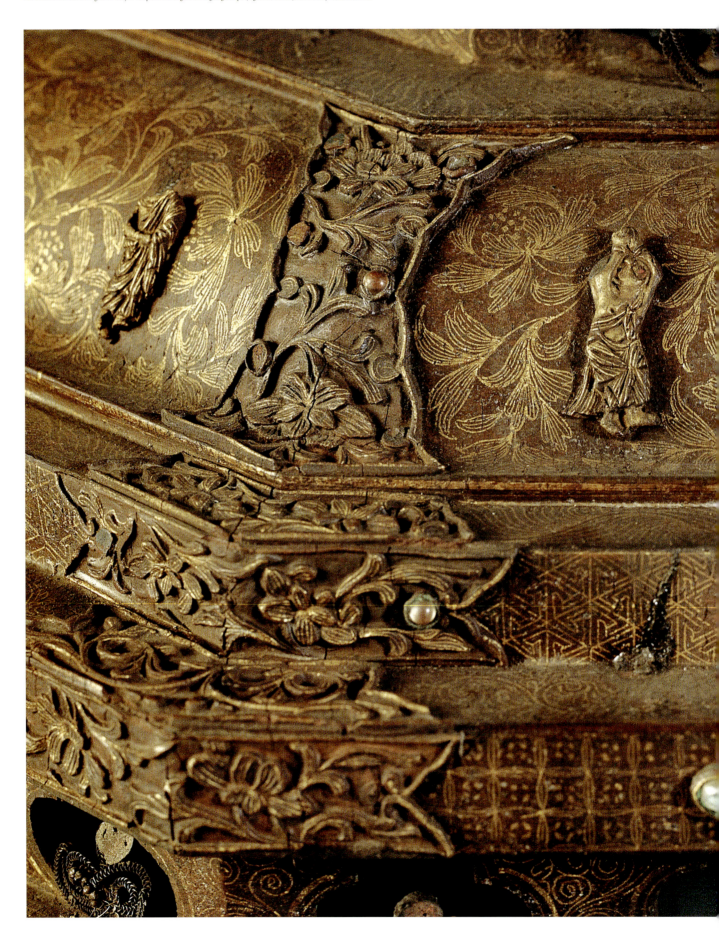

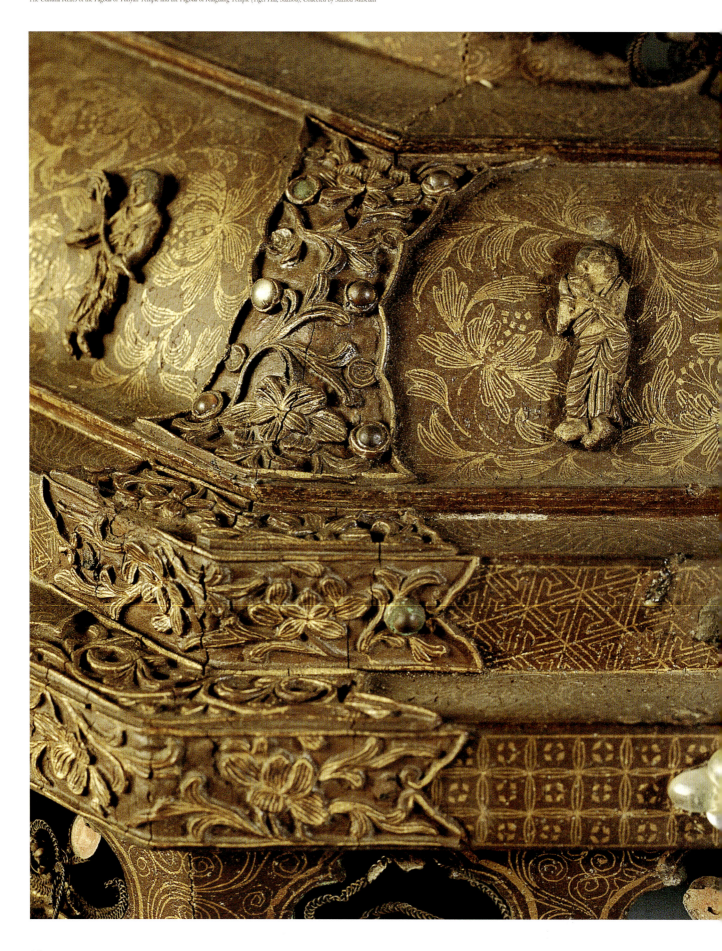

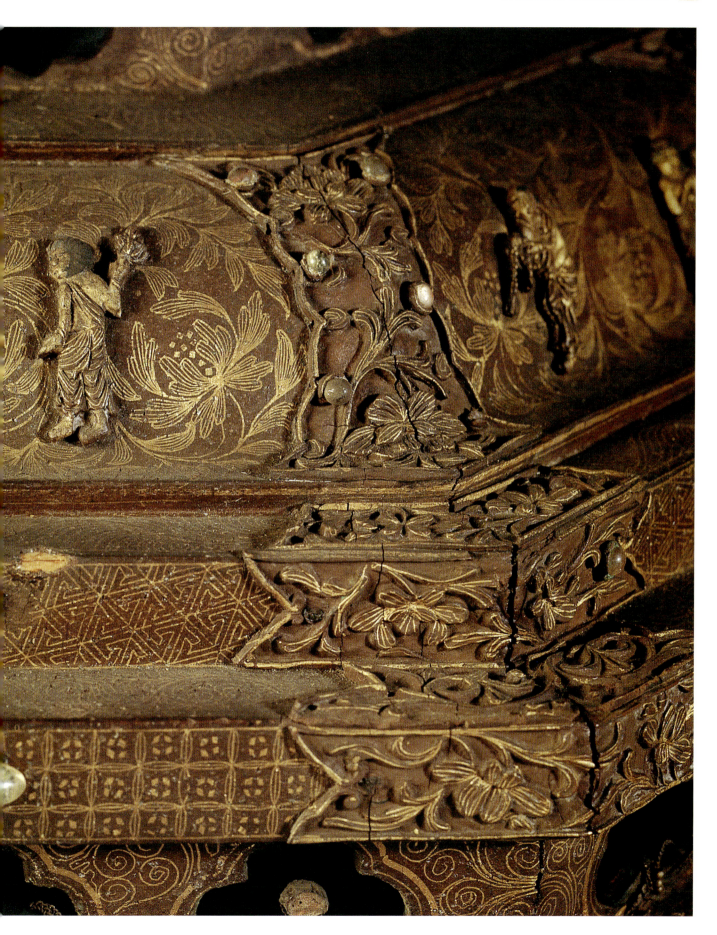

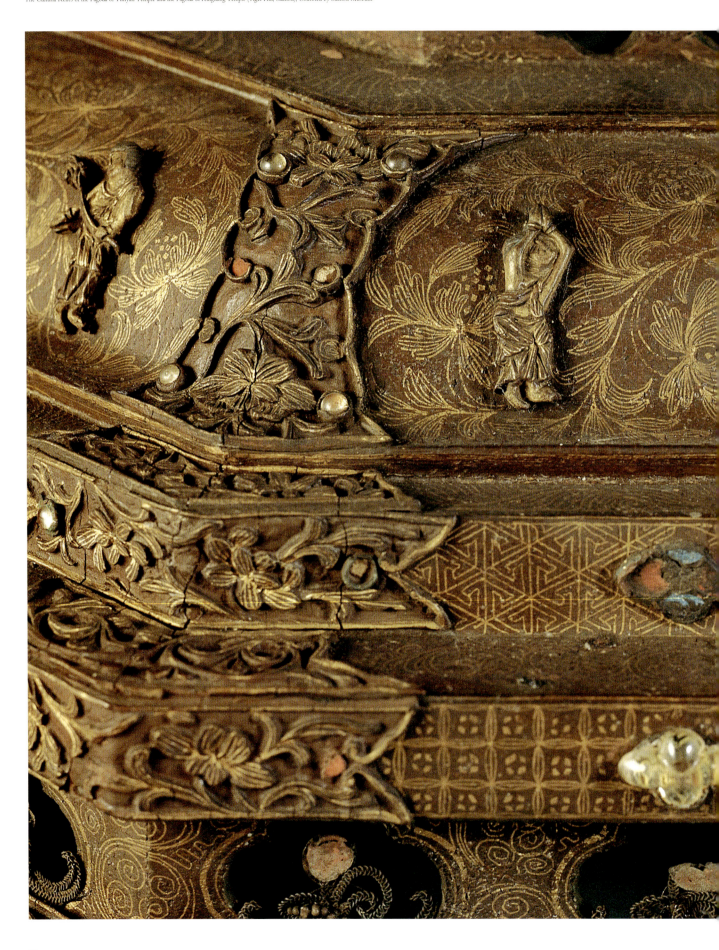

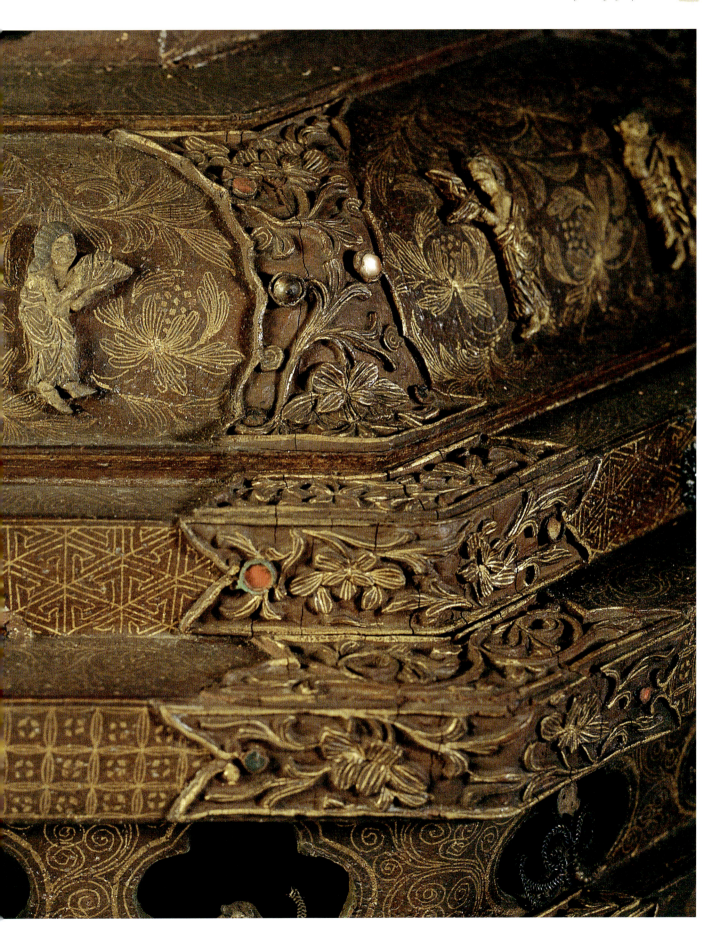

小木狮

Small Wooden Lions

长 5.5~6.5 厘米　高 2.9~3 厘米

　　真珠舍利宝幢台座装饰性部件之一，为台座八棱斜弧面上的平阶八角处放置的立体雕刻小木狮（残缺一只）。木狮表面施石青，局部略敷朱彩。

苏州博物馆藏虎丘云岩寺塔、瑞光寺塔文物

The Cultural Relics of the Pagoda of Yunyan Temple and the Pagoda of Ruiguang Temple (Tiger Hill, Suzhou), Collected by Suzhou Museum

大海、宝山

Sea and Treasure Mountain

　　真珠舍利宝幢台座的重要构成部件，置于台座勾栏平阶之内，楠木圆台一周立面及圆形平面上雕出浪涛滚滚的大海，直径24厘米，海中的四大部洲以泥金描出；大海中央如蘑菇云般突起透雕的山柱，高14厘米；圆柱上端托起由十六座叠嶂山峦组成的须弥宝山，高9.7厘米。整个造型象征须弥山和四大部洲、七重香水海、七重金山和小铁围山的布局。

九头蟠龙

Coiled Dragon with Nine Heads

　　真珠舍利宝幢台座的装饰性部件之一，系由鎏金银丝串珠编织而成的九头蟠龙，盘绕在大海中央突起的须弥山柱上，龙脊和龙皮用鎏金粗丝构成，龙齿、发、耳、角及龙的鳞、爪由极细的三股合一的辫丝制成，龙爪甲为银制。

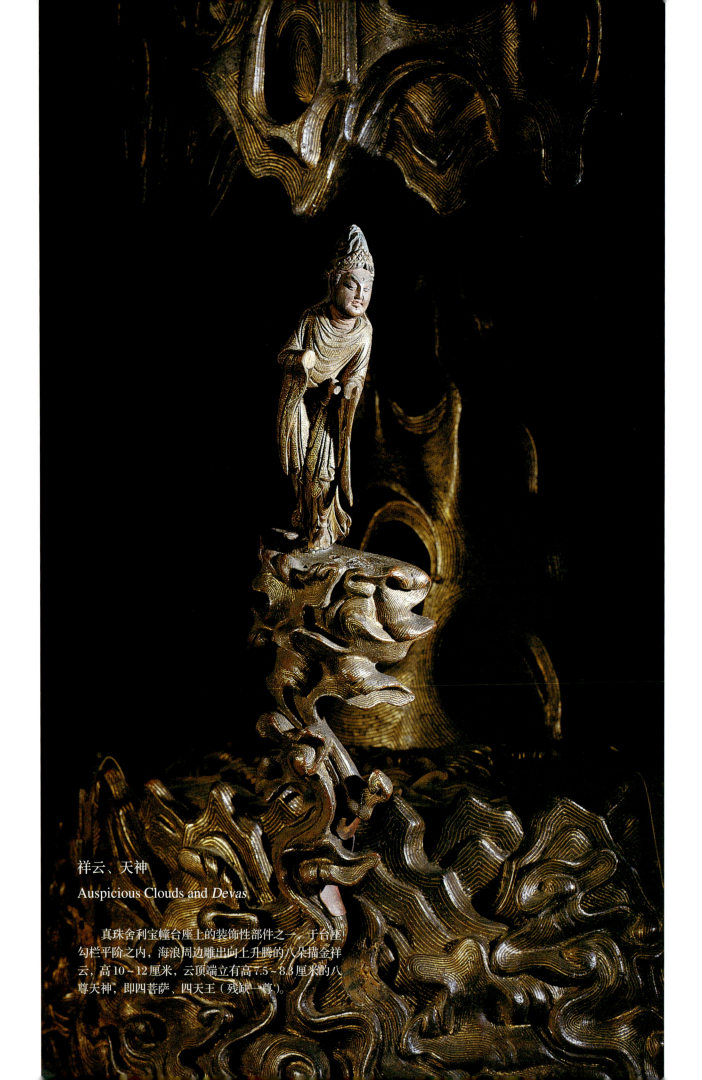

祥云、天神

Auspicious Clouds and *Devas*

　　真珠舍利宝幢台座上的装饰性部件之一。于台座勾栏平阶之内，海浪周边雕出向上升腾的八朵描金祥云，高10～12厘米，云顶端立有高7.5～8.3厘米的八尊天神，即四菩萨、四天王（残缺一尊）。

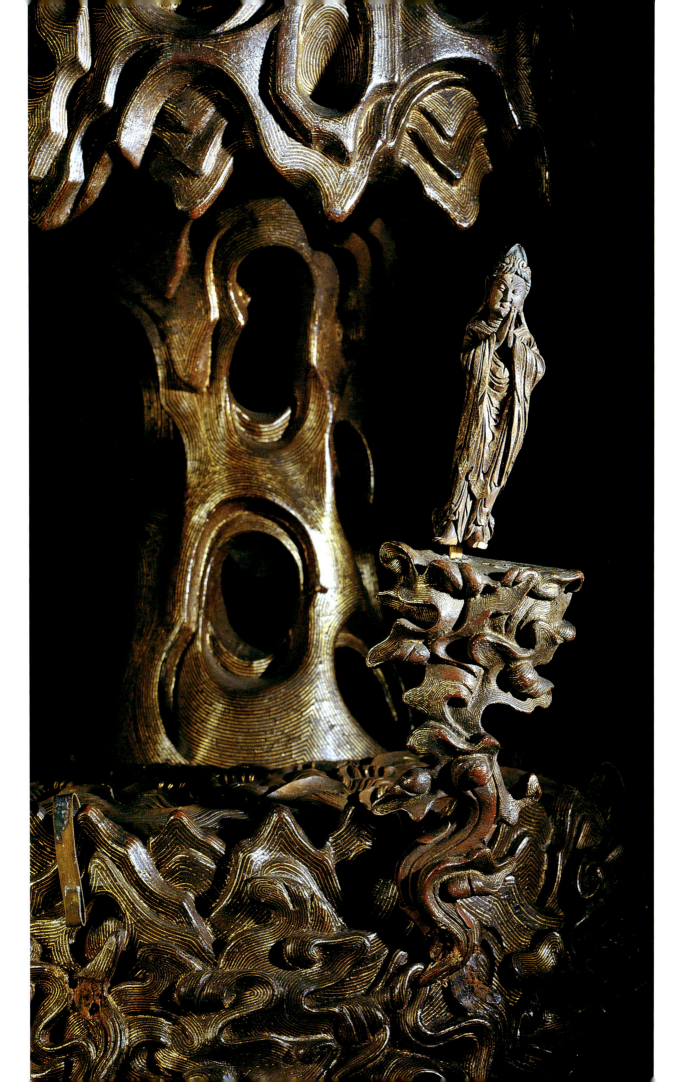

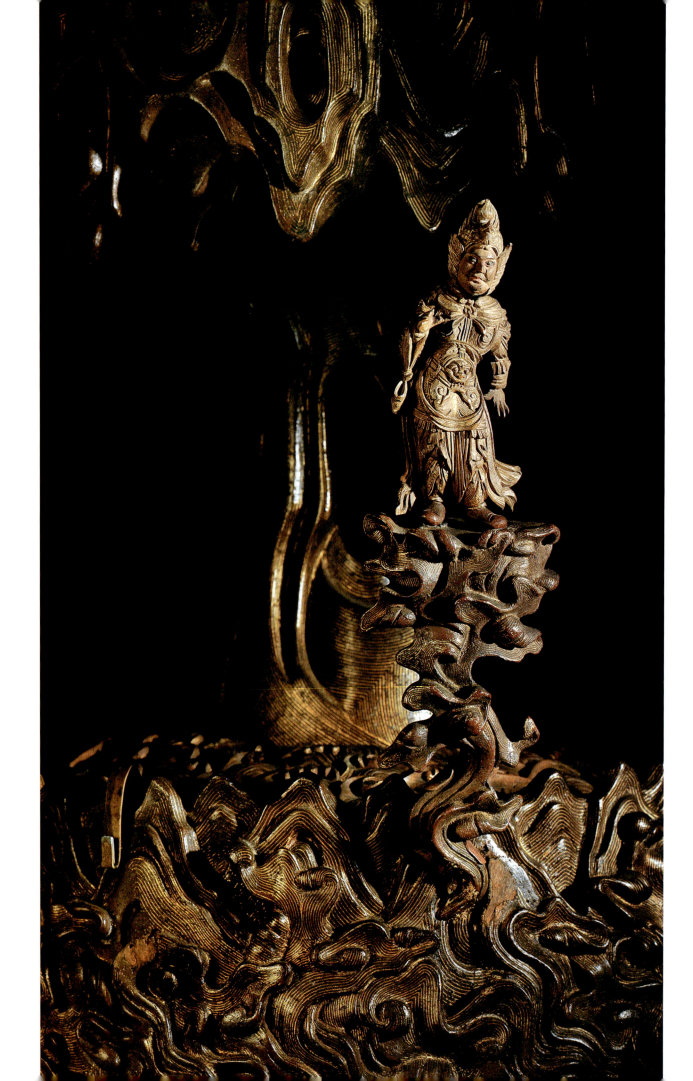

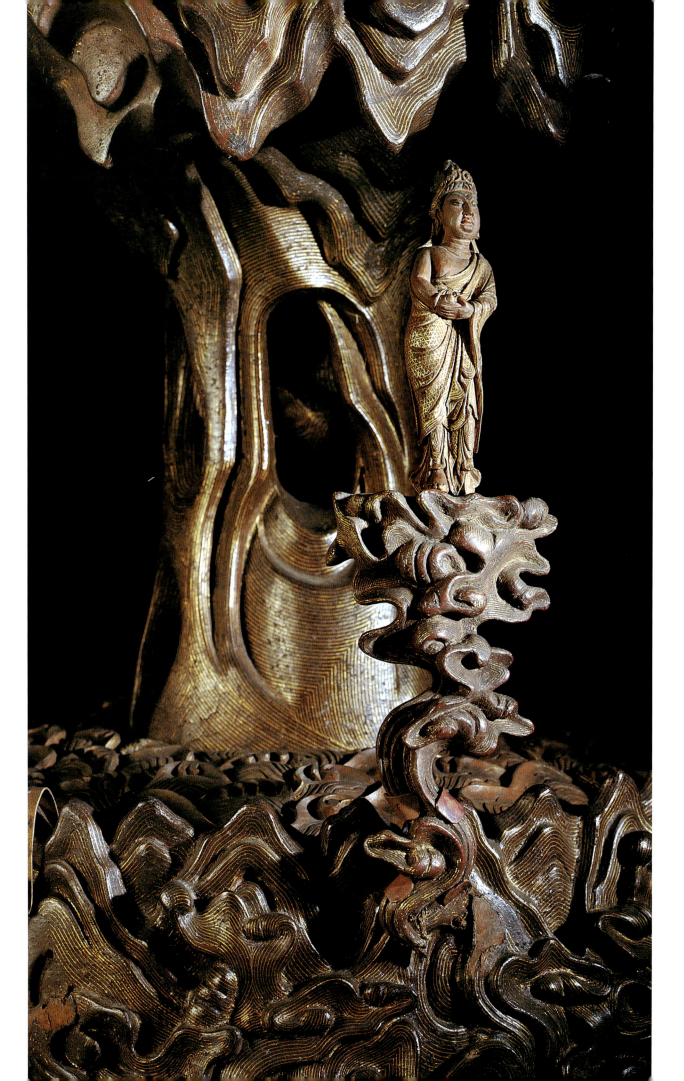

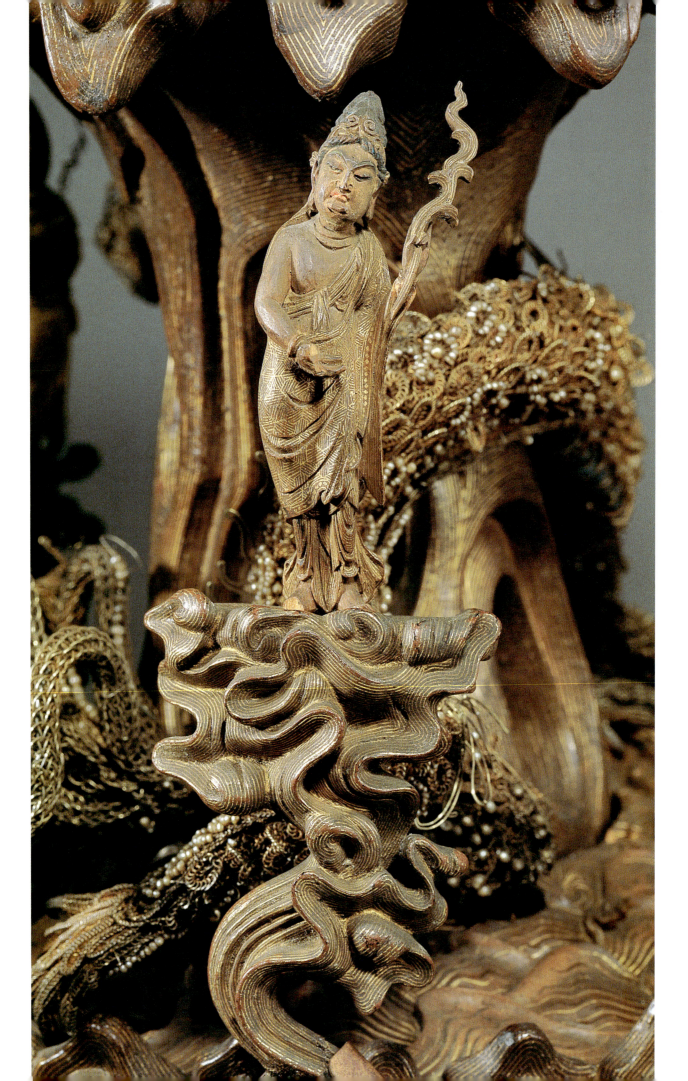

苏州博物馆藏虎丘云岩寺塔、瑞光寺塔文物

The Cultural Relics of the Pagoda of Yunyan Temple and the Pagoda of Ruiguang Temple (Tiger Hill, Suzhou), Collected by Suzhou Museum

殿柱

Palace Pillars

　　真珠舍利宝幢中部结构性部件之一，居须弥宝山顶部。为
幢殿的殿柱，立于幢殿基台覆莲状水晶柱础上，一周八根，高
23.6厘米，均由木制八曲如意柱外镶包累丝工艺编结的鎏金
银丝制成。

殿基、水晶柱础
Palace Base and Crystal Plinths

真珠舍利宝幢中部结构性部件之一，居须弥宝山顶部。幢殿的殿基呈八棱台形，表面刻有缭绕的云雾，整体描金。殿基八角上各置一覆莲状水晶柱础。

苏州博物馆藏虎丘云岩寺塔、瑞光寺塔文物

The Cultural Relics of the Pagoda of Yunyan Temple and the Pagoda of Ruiguang Temple (Tiger Hill, Suzhou), Collected by Suzhou Museum

殿外护法八天

The Eight Tutelaries outside the Palace

真珠舍利宝幢中部装饰性部件之一。在幢殿殿柱外侧一周，插立神情各异、高约9厘米的护法八天木雕。

苏州博物馆藏虎丘云岩寺塔、瑞光寺塔文物

The Cultural Relics of the Pagoda of Yunyan Temple and the Pagoda of Ruiguang Temple (Tiger Hill, Suzhou), Collected by Suzhou Museum

苏州博物馆藏虎丘云岩寺塔、瑞光寺塔文物

The Cultural Relics of the Pagoda of Yunyan Temple and the Pagoda of Ruiguang Temple (Tiger Hill, Suzhou), Collected by Suzhou Museum

八棱柱状经幢

Octagonal Sutra Pillars

　　真珠舍利宝幢中部核心部件之一。在幢殿内中部覆莲座
上立有宝蓝色八棱柱状经幢，高19.4厘米。经幢八面依次以
真、草、隶、篆书体阴刻填金七佛之名，及梵语"南无摩诃般
若波罗蜜"。幢体中空，内置一乳青色葫芦形小瓷瓶，瓶内藏
舍利子九粒及折叠的雕版印刷梵文和汉文《大隋求陀罗尼》经
咒各一张。

苏州博物馆藏虎丘云岩寺塔、瑞光寺塔文物

The Cultural Relics of the Pagoda of Yunyan Temple and the Pagoda of Ruiguang Temple (Tiger Hill, Suzhou), Collected by Suzhou Museum

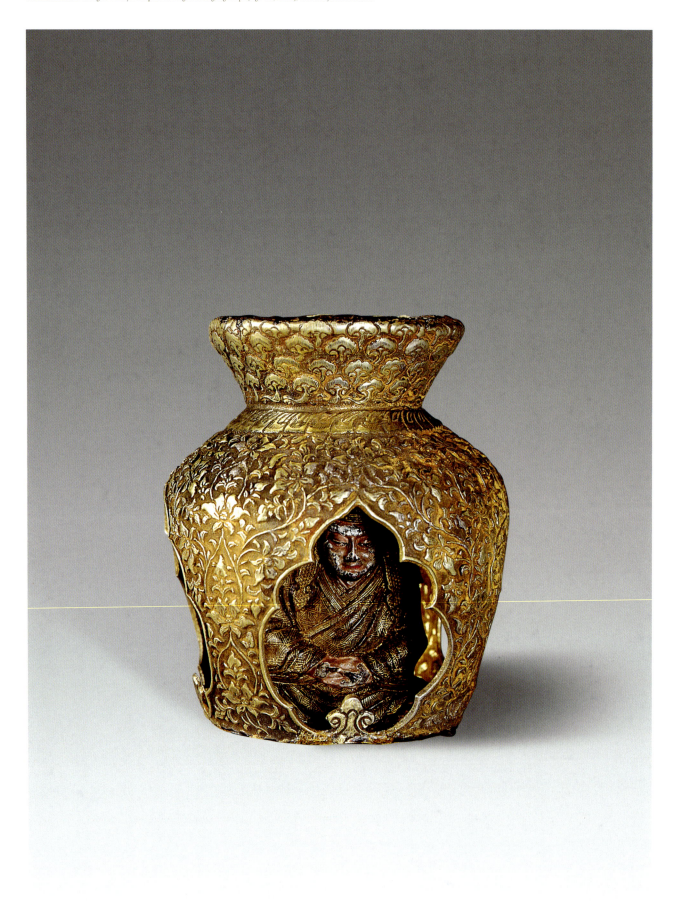

苏州博物馆藏虎丘云岩寺塔、瑞光寺塔文物

The Cultural Relics of the Pagoda of Yunyan Temple and the Pagoda of Ruiguang Temple (Tiger Hill, Suzhou), Collected by Suzhou Museum

幢顶金银龛及祖师造像

Golden and Silver Shrine on the Top of *Dhvaja* and the Statue of Patriarch

真珠舍利宝幢中部核心部件之一。在幢殿内八棱柱状经幢顶部，置有挑花工艺制成的缠枝纹鎏金银皮小龛，一尊高约6厘米、通体描金、双手作禅定印、头裹风兜的木雕高僧大德祖师像趺坐其间。

苏州博物馆藏虎丘云岩寺塔、瑞光寺塔文物

The Cultural Relics of the Pagoda of Yunyan Temple and the Pagoda of Ruiguang Temple (Tiger Hill, Suzhou), Collected by Suzhou Museum

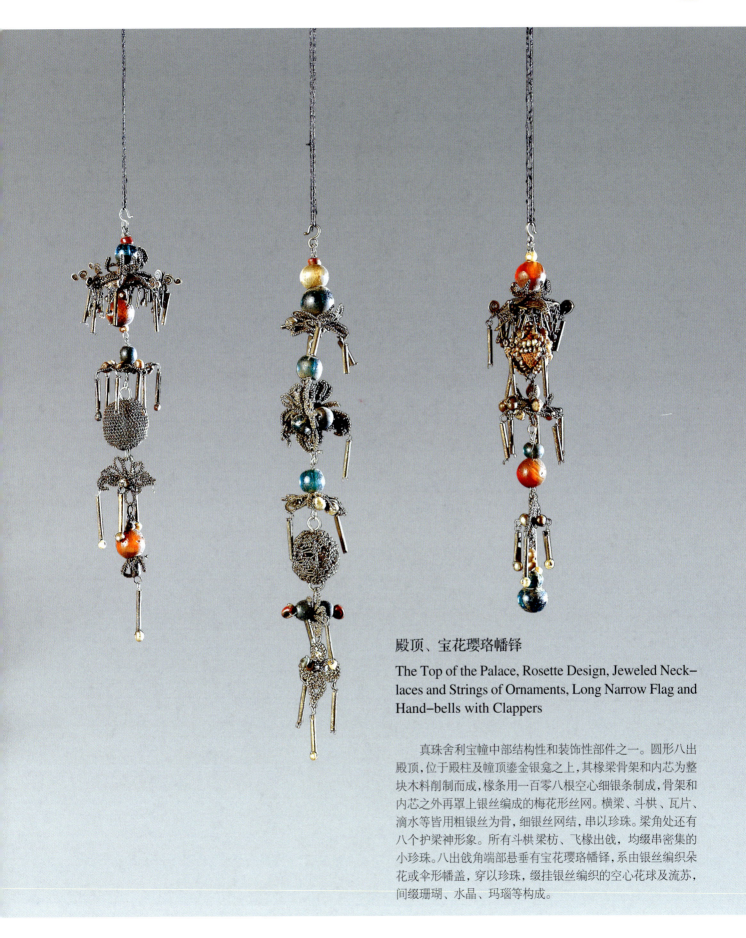

殿顶、宝花璎珞幡铎

The Top of the Palace, Rosette Design, Jeweled Neck–laces and Strings of Ornaments, Long Narrow Flag and Hand–bells with Clappers

真珠舍利宝幢中部结构性和装饰性部件之一。圆形八出殿顶，位于殿柱及幢顶鎏金银龛之上，其橡梁骨架和内芯为整块木料削制而成，橡条用一百零八根空心细银条制成，骨架和内芯之外再罩上银丝编成的梅花形丝网。横梁、斗栱、瓦片、滴水等皆用粗银丝为骨，细银丝网结，串以珍珠。梁角处还有八个护梁神形象。所有斗栱梁枋、飞橡出戗，均缀串密集的小珍珠。八出戗角端部悬垂有宝花璎珞幡铎，系由银丝编织朵花或伞形幡盖，穿以珍珠，缀挂银丝编织的空心花球及流苏，间缀珊瑚、水晶、玛瑙等构成。

漆木龛、宝瓶

Lacquer Wooden Shrine and *Amrta-kalasa*

真珠舍利宝幢中部核心部件之一。在幢殿殿顶之上，又置有堆漆描金宝相花纹木龛，堆漆花纹中点缀有少许小珍珠。圆形木龛设四个壶门，壶门处饰如意和水晶宝珠。龛内盛放金雕细颈宝瓶，宝瓶的金纯度为98.5%，表面浮雕图案以观音和嬉戏童子为主题，图分四面，云纹为底纹，间以飞天、凤凰、一派仙灵意境。

苏州博物馆藏虎丘云岩寺塔、瑞光寺塔文物

The Cultural Relics of the Pagoda of Yunyan Temple and the Pagoda of Ruiguang Temple (Tiger Hill, Suzhou), Collected by Suzhou Museum

刹柱

Temple Pillars

真珠舍利宝幢上部结构性部件之一。立于华盖之上，高24.6厘米。主体呈柱状，由银棒和包金箔木柱相接而成，刹轮以白玉、水晶、五色珠料等制成，间以金银绞花、叶片及银丝串珠装饰。

华盖、天龙

Buddha's Canopy and Celestial Dragons

　　真珠舍利宝幢中部结构性和装饰性部件之一。在幢殿殿顶木龛之上，置八角形金银丝串珠华盖，华盖硬枢以鎏金粗银丝制成，盖面花纹按八个等分面布局，每个面由上下两片辫丝盘成的纹样构成。华盖周边缀有红、蓝、白等各色宝珠，盖面上约略缀有蜿蜒排列的珍珠串饰花纹。华盖上还饰有八条串珠天龙，呈放射状沿华盖顶间向下昂首俯冲，使华盖和其下的殿顶如同八脊重檐翘角般富丽堂皇。

刹幡流苏、银链

Temple Tassels and Silver Chains

真珠舍利宝幢上部装饰性部件之一。刹轮上部的银丝串
珠小幡盖，系由极细的鎏金银丝制成三股合一的辫丝盘曲的
各种朵花，缀以珍珠、玛瑙串珠构成。小幡盖一周垂八条流苏
银链，下接华盖八角。

水晶摩尼宝珠

Crystal *Mani* Pearl

真珠舍利宝幢上部标志性装饰部件之一。在刹顶部置水
晶质摩尼宝珠，直径3.4厘米，宝珠两侧以银丝挽出火焰光造
型，以示"瑞光普照"。

[宋] 盛真珠舍利宝幢内木函

Song Dynasty　The Inside Wooden Case of the Pearl
Pillar of the Buddhist Shrine

It was found in the third floor of Ruiguang Pagoda in 1978. The
Pearl Pillar of the Buddhist Shrine was placed in it. The wooden
case was classified as National Treasure.

宽 42.5 厘米　高 123 厘米

　　1978 年发现于苏州瑞光寺塔第三层天宫，真珠舍利宝幢
就安置在这只内木函之中。内木函用银杏木制成，为五节正方
形套叠式。在它内壁书有"大中祥符六年（1013年）四月十八
日记"字样，外壁画有彩绘四天王像，为罕见的宋画精品。
　　四天王像比例均匀，面部表情夸张，形象生动，气势雄
壮。丰富的天然色彩，使画面具有真实感和运动感。画中还处
处可见唐代画圣吴道子的遗风，笔墨浑厚雄健，用柳叶描法，
线条生动流畅，富有变化，使整幅画达到了近乎完美的境界。

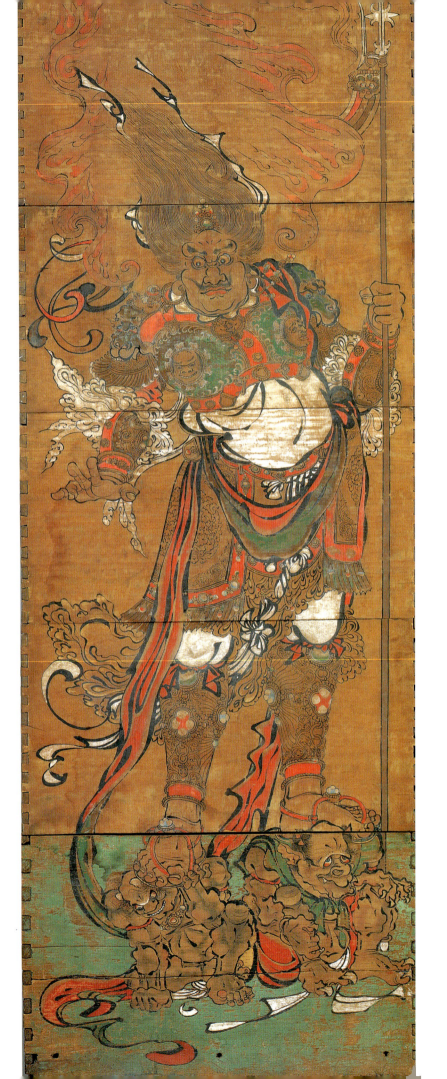

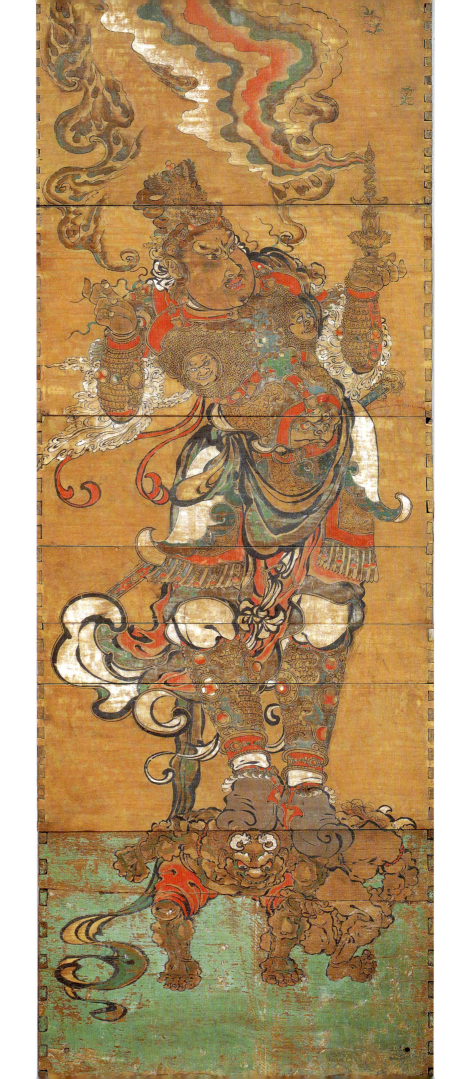

苏州博物馆藏虎丘云岩寺塔、瑞光寺塔文物

The Cultural Relics of the Pagoda of Yunyan Temple and the Pagoda of Ruiguang Temple (Tiger Hill, Suzhou), Collected by Suzhou Museum

［宋］雕版印刷《大隋求陀罗尼》经咒

Song Dynasty　Engraved Printing *"Mantras of the Dharani Sutra"*

They were found in the third floor of Ruiguang Pagoda in 1978 and stored in the Pearl Pillar of the Buddhist Shrine.

汉文版 44.5×36.1 厘米　梵文版 25×21.2 厘米

　　1978 年发现于苏州瑞光寺塔第三层天宫，藏于真珠舍利宝幢内。皮纸印刷。"大隋求"，经名，"陀罗尼"，梵语咒语之意，即大神咒经。

　　其一为汉文《大隋求陀罗尼》经咒，以释迦像为中心，按顺时针方向由内而外连续环以同心圆排列的经文，四角为四天王像，下部正中长方形框内印有"剑南西川成都府净众寺讲经论持念赐紫义超同募缘传法沙门蕴仁传法沙门……同入缘男弟子张喧……同入缘女弟子沈三娘……咸平四年十一月日杭州赵宗霸开"。开即雕版的意思。经咒两边直线栏内有十八名职官名字。

　　其二为梵文《大隋求陀罗尼》经咒，北宋景德二年（1005年）印刷。经文中央界一长方形框栏，绘佛教经变故事。栏内左、上、右三方，各绘墨线双圈四个，内画黄道十二宫图像。框栏外周横书梵文经咒四十七行。经文左右两侧边缘各列十四神像，合为二十八宿。上方绘花卉图案边饰，下方为题记，署有"景德二年八月　日记"。两侧绘护法天神。宋以前雕版印刷的缀有天文图像的经卷或经咒十分罕见。十二宫在经变故事上，作冂形排列，若以白羊宫（春分）为起始，依次为天蝎、双子、巨蟹（夏至）、天秤（秋分）、狮子、宝瓶、双鱼、人马、金牛、室女、魔羯（冬至），序列虽是紊乱，却反映了对外来文化的吸收。把中国古代文化的二十八宿和外来的十二宫结合画于一图，更值得重视。

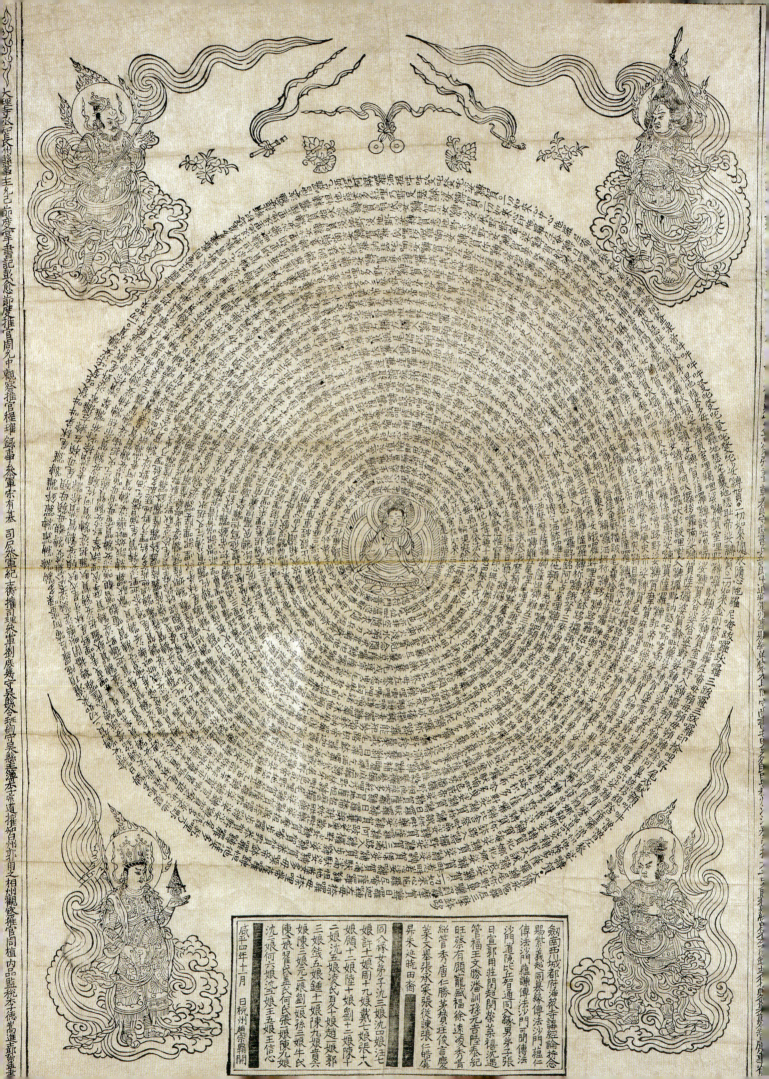

苏州博物馆藏虎丘云岩寺塔、瑞光寺塔文物

The Cultural Relics of the Pagoda of Yunyan Temple and the Pagoda of Ruiguang Temple (Tiger Hill, Suzhou), Collected by Suzhou Museum

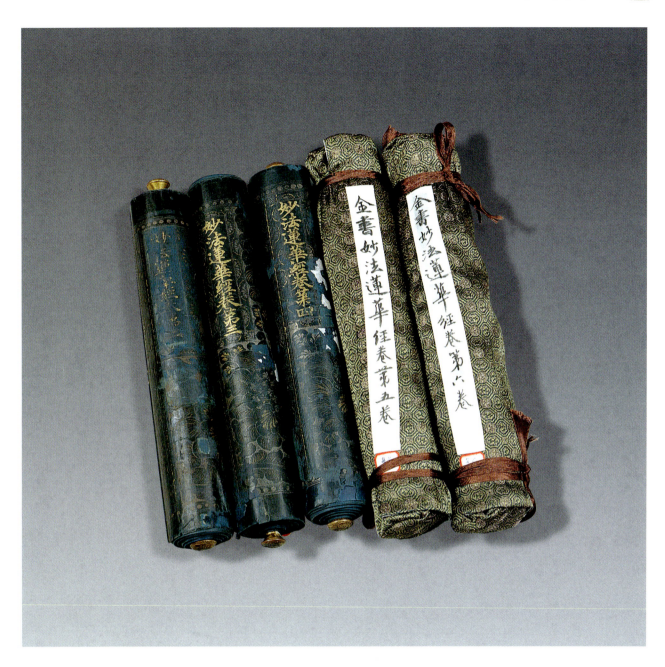

[唐～五代] 碧纸金书《妙法莲华经》

Tang Dynasty – Five Dynasties　"Saddharma–pundarika– sutra" written with Golden Dust on *Ciqing* Paper

It was found in the third floor of Ruiguang Pagoda in 1978.

纵 27～27.6 厘米　总横长 951～1215.5 厘米

　　此经书是1978年于苏州瑞光寺塔第三层塔心的天宫中发现的。系用极细的竹丝编织成经帙包裹，然后存放在黑漆嵌螺钿经箱中。经书共七卷，在碧纸（磁青纸）上用泥金书写，卷轴装。这种碧纸金书为唐、五代时期所特有，其书体充分体现了唐人小楷浑穆秀丽的风格。

　　每卷引首有经变图一幅，画面泥金绘制，略设色，线条精工流畅，佛像庄严生动。卷一的经变图中有各种姿态的童子。包首为泥金绘牡丹图案，也有几何纹边框。第二卷尾部墨书题记"大和辛卯（931年）四月二十八日修补记"。像这样有纪年可考并且完整的碧纸金书《妙法莲华经》极为罕见。

苏州博物馆藏虎丘云岩寺塔、瑞光寺塔文物
The Cultural Relics of the Pagoda of Yunyan Temple and the Pagoda of Ruiguang Temple (Tiger Hill, Suzhou), Collected by Suzhou Museum

160

世得其福報若有人輕毀之言汝狂人耳空

作是行終無所獲如是罪報當世世無眼若

有供養讚歎之者當於今世得現果報若復

見受持是經者出其過惡若實若不實此人

現世得白癩病若輕笑之者當世世牙齒疎

缺醜脣平鼻手脚繚戾眼目角睞身體臭穢

惡瘡膿血水腹短氣諸惡重病是故普賢若

見受持是經典者當起遠迎當如敬佛說是

普賢勸發品時恒河沙等無量無邊菩薩得

百千萬億旋陀羅尼三千大千世界微塵等

諸菩薩具普賢道佛說是經時普賢等諸菩

薩舍利弗等諸聲聞及諸天龍人非人等一

切大會皆大歡喜受持佛語作礼而去

妙法蓮華經卷第七

時顯德三年歲次丙辰十二月十五日弟子朱
承惠特捨淨財収贖

此古舊損經七卷伶金銀及碧紙請人書寫已得句義周圓添續良

妙法蓮華經序品第一

如是我聞一時佛住王舍城耆闍崛山中與
大比丘眾萬二千人俱皆是阿羅漢諸漏已
盡無復煩惱逮得己利盡諸有結心得自在

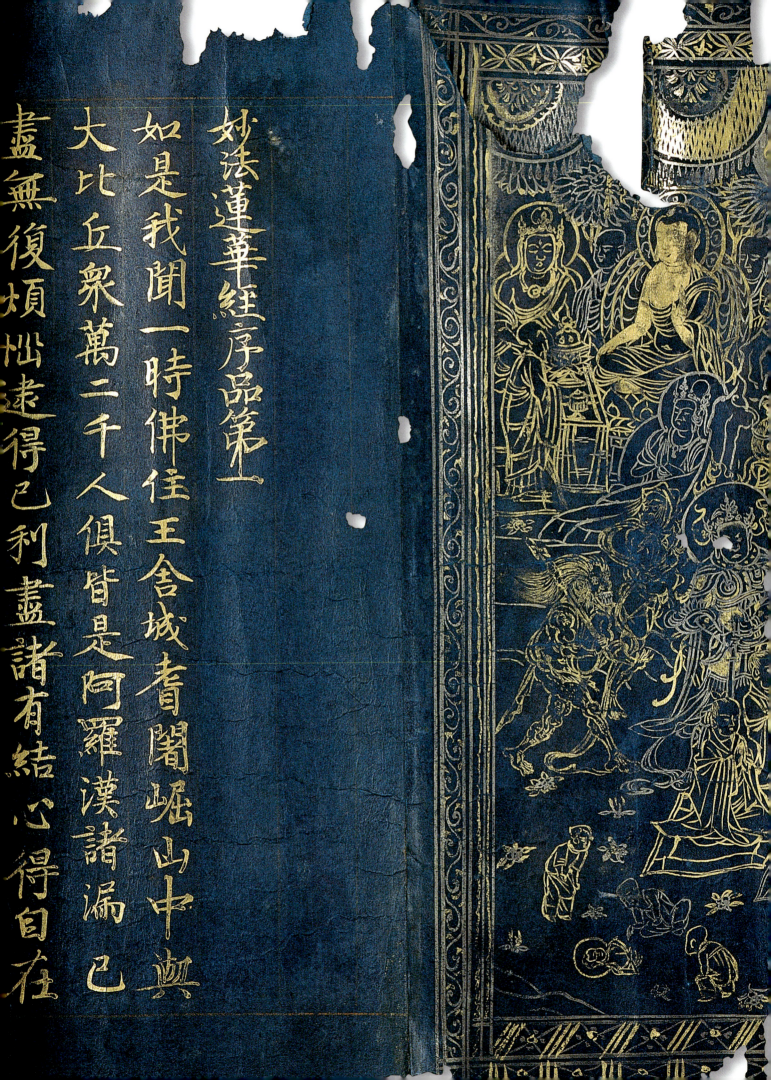

［宋］雕版印刷《妙法莲华经》

Song Dynasty　Engraved Printing *"Saddharma−pundarika−sutra"*

They were found in the third floor of Ruiguang Pagoda in 1978. It originally had seven scrolls but the sixth scroll was damaged. This *"Saddharma−pundarika−sutra"* is the earliest block−printed edition of Buddhist sutras in China.

纵 16.9～17.1 厘米　每卷长 51.5～55.5 厘米　通长 277～339 厘米

　　1978 年在瑞光寺塔第三层塔心砖龛天宫内发现。为卷轴装，原七卷，其中第六卷被毁。页面不设边框，字体书法端正，刻工精细，可以和开宝年间蜀刻官本相媲美。每卷引首以横长14～16 厘米的碧纸为包首。

　　这部《妙法莲华经》是我国现存最早的佛经刻本，在我国古代印刷史上占有重要的地位。

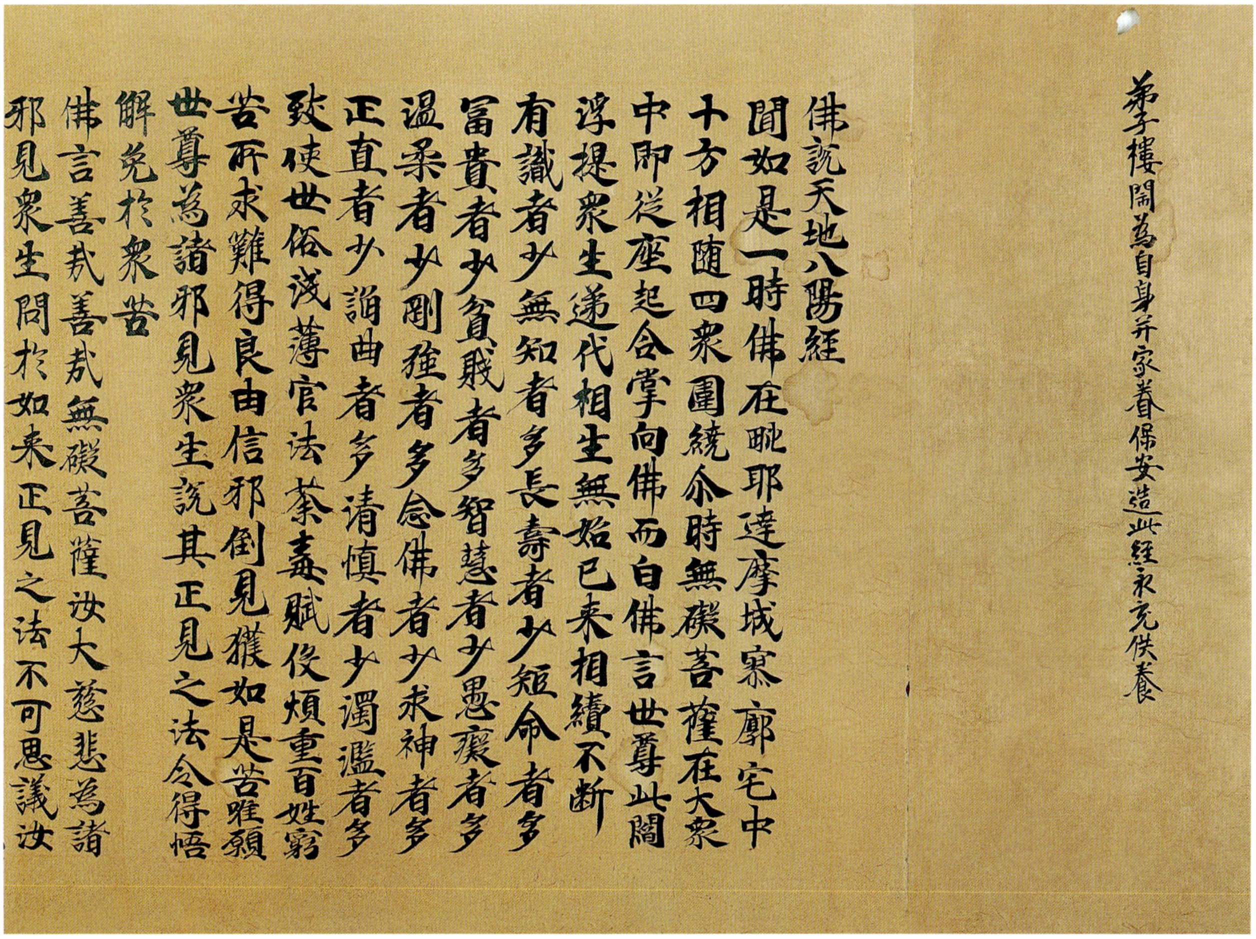

弟子樓闓為自身并家眷保安造此經永充供養

佛説天地八陽經

間如是一時佛在毗耶達摩城寮廓宅中
十方相随四衆圍繞尓時無礙菩薩在大衆
中即從座起合掌向佛而白佛言世尊此閻
浮提衆生遞代相生無始已來相續不斷
有識者少無知者多長壽者少短命者多
冨貴者少貧賤者多智慧者少愚癡者多
温柔者少剛強者多念佛者少求神者多
正直者少諂曲者多清慎者少濁濫者多
致使世俗淺薄官法茶毒賦役煩重百姓窮
苦所求難得良由信邪倒見獲如是苦難願
世尊為諸邪見衆生詭其正見之法令得悟
解免於衆苦
佛言善哉善哉無礙菩薩汝大慈悲為諸
邪見衆生問於如來正見之法不可思議汝

苏州博物馆藏虎丘云岩寺塔、瑞光寺塔文物

The Cultural Relics of the Pagoda of Yunyan Temple and the Pagoda of Ruiguang Temple (Tiger Hill, Suzhou), Collected by Suzhou Museum

妙法蓮華經序品第一

三藏法師鳩摩羅什譯

如是我聞一時佛住王舍城耆闍崛山中與大比丘眾萬二千人俱皆是阿羅漢諸漏已盡無復煩惱逮得己利盡諸有結心得自在其名曰阿若憍陳如摩訶迦葉優樓頻螺迦葉伽耶迦葉那提迦葉舍利弗大目揵連摩訶迦旃延阿㝹樓馱劫賓那憍梵波提離婆多畢陵伽婆蹉薄拘羅摩訶拘絺羅難陀孫陀羅難陀富樓那彌多羅尼子須菩提阿難羅睺羅如是眾所知識大阿羅漢等復有學無學二千人摩訶波闍波提比丘尼與眷屬六千人俱羅睺羅母耶輸陀羅比丘尼亦與眷屬俱菩薩摩訶薩八萬人皆於阿㝹多羅三藐三菩提不退轉皆得陀羅尼樂說辯才轉不退轉法輪供養無量百千諸佛於諸佛所植眾德本常為諸佛之所稱歎以慈修身善入佛慧通達大智到於彼岸名稱普聞無量世界能度無數百千眾生其名曰文殊師利菩薩觀世音菩薩得大勢菩薩常精進菩薩不休息菩薩寶掌菩薩藥王菩薩勇施菩薩寶月菩薩月光菩薩滿月菩薩大力菩薩無量力菩薩越三界菩薩跋陀婆羅菩薩彌勒菩薩寶積菩薩導師菩薩如是等菩薩摩訶薩八萬人俱爾時釋提桓因與其眷屬二萬天子俱復有名月天子普香天子寶光天子四大天王與其眷屬萬天子俱自在天子大自在天子與其眷屬三萬天子俱娑婆世界主梵天王尸棄大梵光明大梵等與其眷屬萬二千天子俱有八龍王難陀龍王跋難陀龍王娑伽羅龍王

輔捨 妙法蓮華經一部七卷入瑞光院
新達多寶佛塔相輪樸內所葬其福利
上報四恩下資三有若有眼礼頂載
聆此一報身同生
極樂國

妙法蓮華經譬喻品第三

後秦三藏鳩摩羅什奉　詔譯

爾時舍利弗踊躍歡喜即起合掌瞻仰尊顏而白佛言今從
尊聞此法音心懷踊躍得未曾有所以者何我昔從佛聞如是
法見諸菩薩受記作佛而我等不預斯事甚自感傷失於如來
无量知見世尊我常獨處山林樹下若坐若行每作是念我等
同入法性云何如來以小乘法而見濟度然是我等咎非世尊
也所以者何若我等待說所因成就阿耨多羅三藐三菩提者
必以大乘而得度脫然我等不解方便隨宜所說初聞佛法
遇便信受思惟取證世尊我從昔來終日竟夜每自剋責
而今從佛聞所未聞未曾有法斷諸疑悔身意泰然快得安隱
今日乃知真是佛子從佛口生從法化生得佛法分

知真是佛子從法化生得佛法
宣此義而說偈言

我聞是法音得所未曾有
心懷大歡喜疑網皆已除
昔來蒙佛教不失於大乘
佛音甚希有能除眾生惱
我已得漏盡聞亦除憂惱
我處於山谷或在林樹下
若坐若經行常思惟是事
嗚呼深自責云何而自欺
我等亦佛子同入无漏法
不能於未來演說无上道
金色三十二十力諸解脫
同共一法中而不得此事
八十種妙好十八不共法
如是等功德而我皆已失
我獨經行時見佛在大眾
名聞滿十方廣饒益眾生
自惟失此利我為自欺誑
我常於日夜每思惟是事
欲以問世尊為失為不失
我常見世尊稱讚諸菩薩
以是於日夜籌量如此事
今聞佛音聲隨宜而說法
无漏難思議令眾至道場
我本著邪見為諸梵志師
世尊知我心拔邪說涅槃
我悉除邪見於空法得證
爾時心自謂得至於滅度
而今乃自覺非是實滅度
若得作佛時具三十二相
天人夜叉眾龍神等恭敬
是時乃可謂永盡滅无餘
佛於大眾中說我當作佛
聞如是法音疑悔悉已除
初聞佛所說心中大驚疑
將非魔作佛惱亂我心耶
佛以種種緣譬喻巧言說
其心安如海我聞疑網斷
佛說過去世无量滅度佛
安住方便中亦皆說是法
現在未來佛其數无有量
亦以諸方便演說如是法
如今者世尊從生及出家
得道轉法輪亦以方便說
世尊說實道波旬无此事
以是我定知非是魔作佛
我墮疑網故謂是魔所為
聞佛柔軟音深遠甚微妙
演暢清淨法我心大歡喜
疑悔永已盡安住實智中
我定當作佛為天人所敬
轉无上法輪教化諸菩薩

爾時佛告舍利弗吾今於天人沙門婆羅門等大眾中說我昔
曾於二萬億佛所為无上道故常教化汝汝亦長夜隨我受學
我以方便引導汝故生我法中舍利弗我昔教汝志願佛道汝
今悉忘而便自謂已得滅度我今還欲令汝憶念本願所行道
故為諸聲聞說是妙法蓮華經

苏州博物馆藏虎丘云岩寺塔、瑞光寺塔文物

The Cultural Relics of the Pagoda of Yunyan Temple and the Pagoda of Ruiguang Temple (Tiger Hill, Suzhou), Collected by Suzhou Museum

［晚唐～五代］嵌螺钿经箱

Late Tang Dynasty – Five Dynasties   Mother-of-pearl Inlaid Sutra Case

It was found in the third floor of Ruiguang Pagoda in 1978.

长 34.8 厘米　宽 13.7 厘米　高 12.7 厘米

　　1978 年发现于苏州瑞光寺塔第三层天宫。经箱系木胎，通体髹黑漆，用天然彩色的螺钿嵌出各种图案，雍容华贵。碧纸金书《妙法莲华经》就存放在这只黑漆嵌螺钿经箱中。

　　经箱分盖、身、台三部分。盖为盝顶式，用木板斗合，四周立板由三个门齿状榫头相接。台座则采用须弥座形式，设有十六个壶门，壶门内贴饰堆漆描金瑞草。木片施金箔，虽经千年，金色依旧。盖面以钿片嵌出三组并联团花，中间团花中央镶一颗直径2.3厘米的半球形水晶球。盝顶斜坡和立面各缀花

叶纹钿片图案，分别间以蝴蝶和飞鸟状钿片。箱身四个面嵌缠枝形石榴花卉图案，寓意子孙满堂。盖、身、座四周还以花苞形、四瓣花形、鸡心形等不同形状的细小钿片嵌出条带形纹饰。钿片即蚌片，又称螺钿。经箱钿片厚 0.1 厘米，表面施以浅雕刻纹，使各式图案显得更为雅致精细。

　　根据唐、五代各时期经纸不同的尺寸，以及嵌螺钿的作法，可以确定此经箱是晚唐或五代的作品。至目前为止，五代的经箱屡有出土，但嵌螺钿经箱却前所未见。瑞光寺塔出土的这只华美经箱，为我们了解晚唐嵌螺钿工艺提供了一件最早的实物。

[宋] 铜如来佛坐像（6尊）

Song Dynasty　Six Bronze Seated Statues of *Tathāgata*

These bronze seated statues of *Tathāgata* were found in the third floor
of Ruiguang Pagoda in 1978.

高16厘米　17.5厘米　18.5厘米　20厘米

　　1978年于瑞光寺塔第三层塔心的天宫中发现。佛像皆螺发肉髻，但在雕刻处理上各不相同，形态颇为修美，肩圆臂瘦削，胸肌健实，结跏趺坐于束腰莲花台上（其中两尊像的台座残）。

　　相传释迦牟尼在菩提树下进入禅思，修悟怔道，采用的就是这种坐姿，因此佛教通常以全跏坐为如来坐，身后皆有显示光明的火焰纹背光。

苏州博物馆藏虎丘云岩寺塔、瑞光寺塔文物
The Cultural Relics of the Pagoda of Yunyan Temple and the Pagoda of Ruiguang Temple (Tiger Hill, Suzhou), Collected by Suzhou Museum

172

苏州博物馆藏虎丘云岩寺塔、瑞光寺塔文物
The Cultural Relics of the Pagoda of Yunyan Temple and the Pagoda of Ruiguang Temple (Tiger Hill, Suzhou), Collected by Suzhou Museum

174

苏州博物馆藏虎丘云岩寺塔、瑞光寺塔文物

The Cultural Relics of the Pagoda of Yunyan Temple and the Pagoda of Ruiguang Temple (Tiger Hill, Suzhou), Collected by Suzhou Museum

苏州博物馆藏虎丘云岩寺塔、瑞光寺塔文物

The Cultural Relics of the Pagoda of Yunyan Temple and the Pagoda of Ruiguang Temple (Tiger Hill, Suzhou), Collected by Suzhou Museum

176

苏州博物馆藏虎丘云岩寺塔、瑞光寺塔文物
The Cultural Relics of the Pagoda of Yunyan Temple and the Pagoda of Ruiguang Temple (Tiger Hill, Suzhou), Collected by Suzhou Museum

178

苏州博物馆藏虎丘云岩寺塔、瑞光寺塔文物
The Cultural Relics of the Pagoda of Yunyan Temple and the Pagoda of Ruiguang Temple (Tiger Hill, Suzhou), Collected by Suzhou Museum

180

[宋] 铜观音坐像（2尊）

Song Dynasty　Two Bronze Standing Statues of *Avalokitesvara*

They were found in the third floor of Ruiguang Pagoda in 1978.

高 40.5 厘米　43.5 厘米

1978 年瑞光寺塔第三层塔心的天宫中发现。两尊皆趺坐于束腰莲花台座上。身后有火焰纹饰的背光和头光，外围火焰纹的上方有江牙纹饰顶着的一轮太阳，意为"旭日东升"。

观音菩萨像头戴花冠，中嵌宝珠，在花冠后有高耸的发髻，全身更有璎珞、耳珰、颈饰、胸饰、腕钏等各种珠宝佩带装饰，造型端庄，姿态自然，衣着装饰甚为精致。

其中一尊在发现时就缺双臂，经观察，其双臂是在主体完成后，再插上去的。其背光内有一圈宝相花，中间头光为一朵盛开的莲花，背光后有"永大师"墨书三字。

另一尊身后亦有火焰纹饰的背光和头光，右残一角，背光后有纸质墨书"唐氏三娘"四字。观音像双手向两侧伸展，高举向上的说法印造型是北宋时突破了传统的手臂下垂的说法印模式，显示了写实艺术在造像上不可低估的感染力。

［宋］铜地藏菩萨坐像

Song Dynasty　Bronze Seated Statue of *Ksitigarbha*

It was found in the third floor of Ruiguang Pagoda in 1978.

通高 21 厘米

　　地藏菩萨像发现于瑞光寺塔第三层塔心的天宫中。其貌沉寂端庄，阔额长耳，表情慈悲，身披袈裟，衣纹流畅。半跏坐于长方形座上，左足下踏着莲花台。右手持一宝珠，左手置于膝上。

　　据佛书记载，地藏菩萨托胎为新罗国王子，生于中国唐朝武则天时，姓金名乔觉，自幼出家。在唐玄宗时来到中国，入安徽九华山苦行修炼。

［宋］彩绘描金泥质观音立像（2 尊）

Song Dynasty　Two Standing Clay Statues of *Avalokitesvara* Painted with Gold Lines

They were found in the third floor of Ruiguang Pagoda in 1978.

高约 38 厘米

　　1978 年在瑞光寺塔第三层塔心的天宫中发现。泥质合模制成，均为立式，双手交垂于腹前，外表彩绘，璎珞等处描金，一尊为双目凝视，另一尊两眼微闭，体态端庄，面部丰满，慈爱可亲。

[宋] 小木塔

Song Dynasty　Small Wooden Pagoda

It was found in the third floor of Ruiguang Pagoda in 1978.

高 10.3 厘米

　　1978 年在瑞光寺塔第三层塔心的天宫中发现。木质，喇嘛塔造型，由塔座、塔身和塔刹三部分组成。塔座底部呈覆钵形，涂红漆，上部涂绿漆。红色塔身设一壶门。塔刹相轮七重，其中第四相轮为红色，其余为绿色，刹顶呈红色宝珠状。

［五代］铜大金涂塔

Five Dynasties　Large Bronze Gilded Pagoda

It was found in the third floor of Ruiguang Pagoda in 1978.

塔座边长 15 厘米　通高 26.8 厘米

　　此金涂塔于1978年在瑞光寺塔第三层塔心的天宫中发现。塔平面为四方形，可拆卸，大致可分五部分，从上到下分别为：塔刹、蕉叶形插角、塔身、铜盖及带有四面十六罗汉像的须弥座。整个塔身雕刻系印度风格，各面刻有佛传故事，蕉叶形插角外侧共刻故事三十二则，内侧分立四大天王像。塔刹占全塔比例约三分之一，刹座为莲形覆钵，刹身有相轮五重。铜盖上刻发愿文一段"苏州长洲县通贤乡清信弟子顾彦超将亡妇在生衣物敬舍铸造释迦如来真身舍利宝幢壹所伏用资荐亡姘胡氏五娘子生界永充供养岁次乙卯（955 年）十月　日舍"。

苏州博物馆藏虎丘云岩寺塔、瑞光寺塔文物
The Cultural Relics of the Pagoda of Yunyan Temple and the Pagoda of Ruiguang Temple (Tiger Hill, Suzhou), Collected by Suzhou Museum

190

苏州博物馆藏虎丘云岩寺塔、瑞光寺塔文物

The Cultural Relics of the Pagoda of Yunyan Temple and the Pagoda of Ruiguang Temple (Tiger Hill, Suzhou), Collected by Suzhou Museum

苏州博物馆藏虎丘云岩寺塔、瑞光寺塔文物

The Cultural Relics of the Pagoda of Yunyan Temple and the Pagoda of Ruiguang Temple (Tiger Hill, Suzhou), Collected by Suzhou Museum

194

苏州博物馆藏虎丘云岩寺塔、瑞光寺塔文物

The Cultural Relics of the Pagoda of Yunyan Temple and the Pagoda of Ruiguang Temple (Tiger Hill, Suzhou), Collected by Suzhou Museum

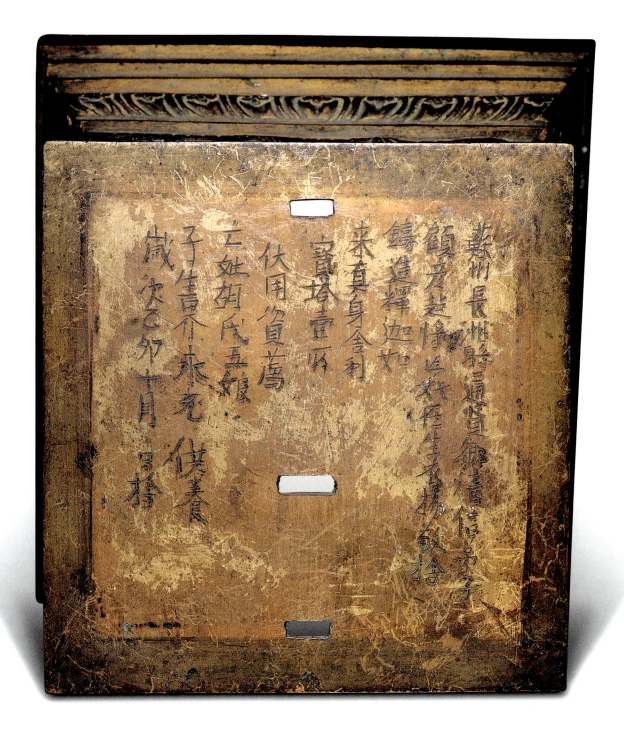

［宋］琥珀印章

Song Dynasty　Amber Seal

It was found in the third floor of Ruiguang Pagoda in 1978.

高 1.8 厘米

　　1978 年在瑞光寺塔第三层塔心的天宫中发现。龟纽，篆体"与贞私印"四字。

［宋］铜小金涂塔

Song Dynasty　Small Bronze Gilded Pagoda

It was found in the third floor of Ruiguang Pagoda in 1978.

残高 32.5 厘米

　　1978年在瑞光寺塔第三层塔心的天宫中发现，由须弥座、
塔身、蕉叶形插角、塔刹等部分组成。须弥座每面设三个壶门，
塔身四面及插角处雕刻佛本生故事。塔刹五重相轮有残。

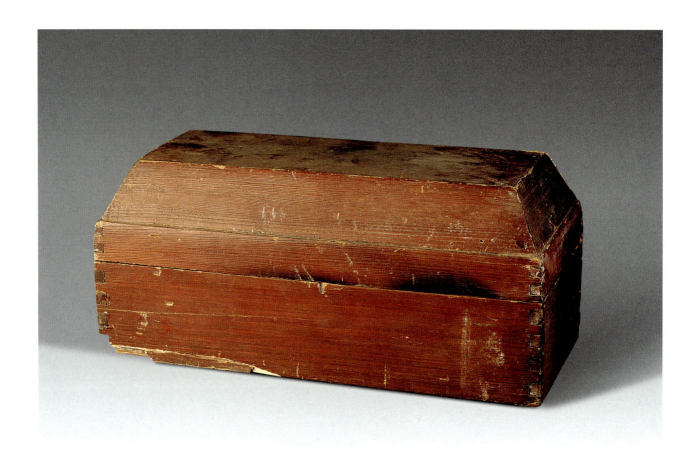

［宋］木经箱

Song Dynasty　Wooden Sutra Case

It was found in the third floor of Ruiguang Pagoda in 1978.

长 32.7 厘米　宽 14.7 厘米　高 14 厘米

　　1978 年在瑞光寺塔第三层塔心的天宫中发现。木质，平面长方形，盝顶。系由十四块小板材榫接而成，外表髹红褐色漆，无纹饰。